Read it, Learn it, Keep it
Mit der Richtigen Lernstrategie und perfektem
Zeitmanagement stressfrei zu Bestnoten

Leon Schmider

READ IT
LEARN IT
KEEP IT

MIT DER RICHTIGEN LERNSTRATEGIE
UND PERFEKTEM ZEITMANAGEMENT
STRESSFEI ZU BESTNOTEN IM STUDIUM

LEON SCHMIDER

Deutschsprachige Erstausgabe Januar 2021

Leon Schmider wird vertreten durch:
Florian Dold
Dorfwiesen 11
77716 Hofstetten
Mail: fdp.publishing@gmail.com

Covergestaltung und Satz: Wolkenart - Marie-Katharina Becker,
www.wolkenart.com

1. Auflage

INHALTSVERZEICHNIS

Lernen mit Spaß – Eine kleine Einleitung

Wir alle haben bereits in irgendeiner Weise gelernt, uns Dinge anzueignen und demnach unsere eigenen Lernerfahrungen gemacht. Ansonsten hättest du es nicht zu dem Punkt gebracht, an dem du dich gerade befindest. Vollkommen egal, ob du mitten im Studium steckst oder bereits erste berufliche Erfahrungen gemacht hast – du hast in deiner Entwicklung verschiedene Lern- und Arbeitstechniken angewendet, um genau diesen Punkt zu erreichen.

Vielleicht wirkt auf der Grundlage dieser Erfahrungen, der Titel „Lernen mit Spaß“ zunächst paradox für dich. Im Laufe meines Lebens hatte ich bereits mit vielen Menschen zu tun, die zwar beruflich sehr erfolgreich sind und es weit gebracht haben, aber sämtliche Lernprozesse als eine Qual wahrgenommen haben. Nur weil jemand objektiv gut Lernen kann oder gut darin ist, sich Informationen anzueignen, geht dies noch längst nicht mit Spaß einher.

In diesem Buch möchte ich dir aber zeigen, dass es tatsächlich möglich ist mit den richtigen Lern- und Arbeitstechniken Spaß am Lernen zu finden. Natürlich müssen wir uns dabei eingestehen, dass das Ganze nicht alleine im Schlaf passiert, sondern ein hartes Stück Arbeit ist. Allerdings können die richtige Einstellung und ideale Methoden dazu beitragen, dass du Freude daran findest, dein Wissen auszubauen.

Bevor wir tiefer in die weitere Materie einsteigen, solltest du deinen eigenen Status Quo hinterfragen. Denn nur wenn du dir selber darüber bewusst bist, was für ein Lerntyp du bist, kannst du gezielt deine

Lernstrategien mit Hilfe dieses Buches verbessern. Überlege dir ganz grundsätzlich wie du lernst und arbeitest. Hast du bestimmte Lernstrategien, die du immer wieder anwendest? Variieren diese Strategien bei verschiedenen Themen oder Lerninhalten? Durch welche Technik gelingt es dir am besten, Informationen langfristig speichern zu können?

Neben diesen Fragen, die sich ausschließlich auf deine Lernstrategie beziehen, solltest du auch deine persönliche Einstellung zur Thematik hinterfragen. Fällt es dir beispielsweise schwer dich zu konzentrieren? Leidest du unter Prüfungsangst und wie gehst du damit um? Hast du ein gutes Zeitmanagement beim Lernen oder fällt es dir schwer deine Zeit richtig einzuteilen?

Hier noch einmal die relevanten Fragen für dich zusammengestellt:

- Welche Lernstrategien nutzt du?
- Mit welchen Methoden kannst du bei verschiedenen Lerninhalten die besten Ergebnisse erzielen?
- Was tust du dafür, um das Wissen langfristig zu behalten?
- Kannst du dich beim Lernen gut konzentrieren?
- Hast du bereits Erfahrungen mit Prüfungsangst gemacht und wie bist du damit umgegangen?
- Wie sieht dein Zeitmanagement beim Lernen aus?

Wenn du dir deine Situation einmal richtig bewusst gemacht hast, wirst du merken, dass du viel gezielter deinen zukünftigen Lernprozess positiv beeinflussen kannst.

In diesem Buch wollen wir also gemeinsam daran arbeiten, wie du deine bisherigen Lern- und Arbeitstechniken verbessern kannst. Auf diese Weise wird es dir auch gelingen deine Einstellung zum Lernen zu ändern, sodass du mehr Spaß daran haben wirst, dir neue Dinge anzueignen.

Um dieses Ziel zu erreichen, werden wir zunächst einen Blick auf die Gehirnforschung werfen und uns ansehen, wie das Gehirn überhaupt funktioniert. Im nächsten Schritt beschäftigten wir uns mit einem der wichtigsten Themen, um deinen Lernerfolg nachhaltig zu verbessern: Die Motivation. Du wirst in diesem Buch auch erfahren, wie du mit Lernhemmungen und Lernblockaden umgehst. Im Zuge dessen klären wir auch, wie du Stress und Prüfungsängsten entgegenwirken kannst, um deine maximale Leistung zu entfalten.
Damit du neue Lern- und Arbeitstechniken überhaupt erfolgreich anwenden kannst, schauen wir uns zudem das Thema Konzentration an. Ich möchte dir hilfreiche Übungen mit an die Hand geben, mit denen du deine Konzentrationsfähigkeit steigerst und dir die folgenden Lerntipps näherbringen, die dir dabei helfen Informationen richtig zu recherchieren und zu erfassen.

Damit du die zuvor erfassten Inhalte weiterverarbeiten und behalten kannst, werfen wir einen Blick auf verschiedene Methoden zum Thema Assoziieren, Strukturieren, Visualisieren und dem Behalten von dem zu Lernenden Thema. Letztendlich werfen noch wir einen Blick auf die Problematik doch einmal etwas vergessen zu haben. Außerdem schauen wir uns Techniken an, die dir dabei helfen dein Zeitmanagement zu verbessern und deinen individuellen Lernplan aufzustellen.

Neuste Gehirnforschung: Wie funktioniert unser Gehirn?

Um überhaupt die Frage beantworten zu können, mit welcher Lernmethode du die besten Erfolge erzielen kannst, sollten wir uns ein wenig Basiswissen aneignen. Denn nur wenn du verstehst, wie die Wahrnehmung von Informationen im Gehirn funktioniert, kann es dir gelingen deinen Lernprozess gezielt zu optimieren.

Das Dreispeichermodell des Gedächtnisses

Jede Sekunde prasseln Millionen von Informationen auf uns ein. Somit können wir von Glück reden, dass unsere Sinnesorgane mit mehreren automatischen Filtern versehen sind, sodass wir nur einen Bruchteil dieser Informationen wahrnehmen. Dabei handelt es sich ganz einfach um einen Schutzmechanismus, da unser Gehirn und somit auch wir selbst ansonsten vollkommen überfordert wären.

Obwohl schon die meisten Informationen aussortiert wurden kommen nun weitere Filter ins Spiel. Welche Informationen wir dabei behalten, ist von Mensch zu Mensch vollkommen unterschiedlich. Somit wirst du dich bei ein und der gleichen Situation höchstwahrscheinlich an andere Dinge erinnern können als ich.

Auch wenn der Lernprozess oder die Aufnahme und Speicherung von Informationen somit ein sehr individuelles Thema sind, kann man nichtsdestotrotz eine allgemeinere Definition finden: Beim Lernen nimmt unser Gehirn über die Wahrnehmung bestimmte Information auf, speichert diese und wir können diese dann zu einem späteren Zeitpunkt wieder abrufen.

Dabei stellt sich zunächst die Frage, auf welche Weise wir die Informationen aus unserer Umwelt überhaupt wahrnehmen. Dies erfolgt über verschiedene Eingangskanäle, die unseren Sinnesorganen entsprechen. Somit nehmen wir Informationen wahr, indem wir sie sehen, hören, fühlen, schmecken oder riechen. Unabhängig davon, welchen Kanal wir dabei benutzen, landen die Informationen so zuerst im Ultrakurzzeitgedächtnis. Und genau damit sind wir auch schon bei der ersten Phase des Dreispeichermodells angelangt.

Station 1: Das Ultrakurzzeitgedächtnis

Wir bemerken gar nicht wirklich, wenn Informationen in unser Ultrakurzzeitgedächtnis eindringen. Dies ist darauf zurückzuführen, dass, wie der Name bereits verrät, die Informationen dort nur für wenige Sekunden verbleiben.

Durch die Wahrnehmung über unsere Sinnesorgane werden sekündlich Millionen von Informationen an Nervengeflechte im Gehirn weitergeleitet. Dieses Geflecht speichert die Informationen dann für kurze Zeit in Form von elektrischen Strömen, den sogenannten Ionenströmen, ab. Ein großer Teil dieser Impulse verschwindet innerhalb von wenigen Sekunden wieder.

Das Gehirn speichert dabei lediglich die Informationen für längere Zeit, die eine besonders wichtige Bedeutung für uns haben. Dabei spielen vor allem diejenigen Impulse eine große Rolle, die wir mit starken Gefühlen oder großem Interesse verbinden. Gleichzeitig werden auch Eindrücke gespeichert, die wir mit anderen Erinnerungen verknüpfen. Letztlich verbleiben auch die Informationsströme länger im Gehirn, auf die wir uns bewusst konzentrieren wollen, um mit diesen zu arbeiten. Dies ist beispielsweise der Fall, wenn es um relevante Themen auf der Arbeit geht oder wenn du prüfungsrelevante Texte durcharbeitest.

Diese Flut an Informationen ist für viele Menschen gar nicht greifbar. Dabei musst du dir aber einfach immer wieder vor Augen führen, dass du durch automatische Schutzmechanismen des Gehirns, den Großteil der Informationen nicht bewusst wahrnimmst. Das Interessante hierbei ist aber, dass wir nichtsdestotrotz automatisch auf die Reize im Ultrakurzzeitgedächtnis reagieren können.

Ein einfaches Beispiel dafür kann man einer alltäglichen Verkehrssituationen entnehmen. Wenn die Bremslichter des vorausfahrenden Fahrzeugs rot aufleuchten, führt dies mehr oder weniger automatisch dazu, dass auch du bremst. Auch wenn du diese Informationen anschließend wieder aus deinem Gedächtnis löscht, verhilft dir das Ultrakurzzeitgedächtnis in gefährlichen Situationen dazu, richtig zu reagieren.

Station 2: Das Kurzzeitgedächtnis

Der Begriff Kurzzeitgedächtnis wird dir wahrscheinlich um einiges geläufiger sein, da wir diesen Term auch häufig im Alltag verwenden. Hier landen diejenigen Informationen, die für dich persönlich von besonderer Relevanz sind. An dieser Stelle kannst du dir den Prozess im Gehirn so vorstellen, dass eine Art inneres Bild von der Information erzeugt wird, die du zuvor über das Ultrakurzzeitgedächtnis aufgenommen hast.

Allerdings ist dieses innere Bild zu Beginn noch sehr schwach und kann sich schnell wieder auflösen. Dies bedeutet konkret, dass Informationen, die es bis in das Kurzzeitgedächtnis geschafft haben, noch lange nicht langfristig abgerufen werden können. Diese Wahrnehmungen können unter bestimmten Umständen bereits innerhalb weniger Minuten bis hin zu Stunden wieder vergessen werden.

Dieses Phänomen tritt insbesondere dann ein, wenn das anfängliche Interesse an der Information nachlässt. Gleichzeitig können Impulse aus dem Kurzzeitgedächtnis verdrängt werden, wenn andere, noch wichtigere, Wahrnehmungen eintreten. Letztlich können die Informationen auch durch eine Art Schock überlagert werden. Insgesamt lässt sich daraus ableiten, dass nur die Informationen länger gespeichert werden, die für dich nachhaltig interessant bleiben.

In diesem Zusammenhang ist es für den nachfolgenden Lernprozess wichtig zu wissen, dass das Gehirn nur eine begrenzte Speicherkapazität hat. Um dir diesen Sachverhalt besser vor Augen führen zu können, werfen wir den Blick auf ein ganz einfaches Beispiel: Wenn du dir das Wort Baum merken sollst, ist das für dich relativ einfach. Du kannst dir den Begriff als ein zusammenhängendes Wort merken und brauchst demnach nur einen Speicherplatz in deinem Gehirn. Die Situation verhält sich hingegen anders, wenn sich beispielsweise ein Asiate das Wort Baum einprägen soll. Dieser kann nur die einzelnen Buchstaben aufnehmen, da er das Wort als Ganzes nicht verstehen kann. Demnach benötigt dieser vier Speicherplätze („B“, „A“, „U“, „M“) in seinem Gedächtnis.

Aus dieser stark vereinfachten Darstellung, lässt sich bereits an dieser Stelle der wertvolle Hinweis ableiten, dass es extrem sinnvoll ist, die Informationen, die wir lernen wollen, in kleine Päckchen einzuteilen und sie entsprechend zu strukturieren. Auf diese Weise verschenken wir keine Speicherplätze und können mehr Informationen aufnehmen, ohne die Kapazität des Kurzzeitgedächtnisses zu übersteigen.

Station 3: Das Langzeitgedächtnis

Grundsätzlich sollte das Ziel darin bestehen, wichtige Informationen im Langzeitgedächtnis zu speichern. Dies passiert genau dann, wenn wir uns über einen längeren Zeitraum intensiv und interessiert mit neuen

Informationen auseinandersetzen. Als Resultat daraus, werden die Verbindungen im Gehirn stärker und die Information kann sich festigen.

Im Gehirn führt die Weiterleitung von Impulsen an das Langzeitgedächtnis dazu, dass in den Nervenzellen chemische Substanzen gebildet werden. Dadurch können neue Nervenfasern, die sogenannten Nukleinsäure Ketten (RNS) gebildet werden und mit anderen bereits bestehenden Informationen verknüpft werden. Im Ergebnis führt dies dazu, dass eine Vernetzung vieler Informationen im Gehirn steht. Je mehr Erinnerungen und Assoziationen du mit einer eingehenden Wahrnehmung verbindest, desto stabiler kann diese Information dann in deinem Langzeitgedächtnis gespeichert werden.

In diesem Zusammenhang, ist es für viele überraschend, dass eine Information bereits innerhalb von 20 bis 30 Minuten den Weg in das Langzeitgedächtnis schaffen kann und demnach nicht mehr verloren geht. Dies kann wie gesagt, allerdings nur erreicht werden, wenn du dich intensiv, interessiert und ungestört mit dieser Information auseinandersetzt.

Dabei kannst du dir das Langzeitgedächtnis am besten als eine Art flexibles Ordnungssystem vorstellen. Das Gehirn sortiert die Informationen quasi in einzelne Schubladen ein, in die du dann greifen kannst, um diese wieder abzurufen. Wie leicht du diese Schubladen öffnen kannst, hängt maßgeblich davon ab, wie viele Eindrücke, Motivation und Gefühle du mit der neuen Information verbindest. Umso stärker das Inforationsnetzwerk also ausgeprägt ist, desto einfacher ist es im Anschluss für dich, diese Informationen wieder abzurufen.

Dies führt wiederrum aber auch dazu, dass wir bei weitem nicht alle Informationen unseres Langzeitgedächtnisses einfach so abrufen können.

Im Laufe unseres Lebens sammeln wir Unmengen von Informationen an, sodass es schlichtweg unmöglich ist, sich dauerhaft an wirklich alles erinnern zu können. Daraus leitet sich die Unterteilung in aktives und passives Wissen im Langzeitgedächtnis ab. Das passive Wissen beinhaltet Informationen, die unser Gehirn zwar abgespeichert hat, aber an die wir uns nicht mehr zwangsläufig erinnern können. Demgegenüber steht das aktive Wissen, dass wir mühelos zu jedem Zeitpunkt aus unserem Langzeitgedächtnis abrufen können.

Ob eine Information in aktives oder passives Wissen umgewandelt wird, hängt davon ab, wie oft wir diese benötigen oder anwenden. Wenn wir bestimmte Fakten besonders häufig wiederholen und eine Großzahl von Assoziationen damit verbinden, schafft es diese Information in aktives Wissen umgewandelt zu werden. Bleiben diese hingegen ungenutzt, droht das Absinken in passives Wissen. Daraus leitet sich die einfache Regel ab, dass wir Informationen ständig wiederholen und anwenden müssen, um langfristig auf dieses Wissen zugreifen zu können.

Lernregeln

Nachdem wir einen Blick auf die Vorgänge im Gehirn geworfen haben, die sich während des Lernprozesses abspielen, haben wir wertvolle Erkenntnisse für das Thema Lernen erhalten. Somit können wir eine Reihe von Regeln ableiten, die dir dazu verhelfen, einfacher Informationen aufzunehmen und Spaß bei der Informationsverarbeitung zu haben.

Nutze mehrere Eingangskanäle!

Ein sinnvoller Tipp beim Lernen ist die Nutzung verschiedener Eingangskanäle. Versuche zum Beispiel Hören und Sehen zu kombinieren. Dies könnte beispielsweise so aussehen, indem du dir im Studium nicht nur die Vorlesung deines Dozenten anhörst, sondern auch ein Schaubild zu den Inhalten erstellst. Insgesamt kannst du nämlich durch die Aktivierung verschiedener Kanäle die Behaltensleistung extrem steigern.

Wende dein Wissen an!

Unabhängig davon, welcher Lerntyp du bist: Wissen festigt sich immer durch Handeln! Wenn du das gelernte in der Praxis anwendest und wirklich begreifst, was sich dahinter verbirgt, kannst du die besten Lernerfolge erzielen. Auf diese Weise erreichst du, dass sich die Verknüpfungen im Gehirn weiter ausbilden und du das Wissen dauerhaft, einfach und schnell abrufen kannst.

Schreibe dir wichtige Informationen auf!

Insbesondere viele Studenten denken, es würde ausreichen einfach nur das Skript des Dozenten auswendig zu lernen. Es ist für dein Gehirn allerdings wesentlich einfacher, wenn du dir selber die Informationen aufschreibst. Dabei kannst du den Inhalt visuell logisch anordnen, sodass du ihn dir besser einprägen kannst. Diesen Gedankengang kennen wir bereits vom beliebten Spickzettel. Fertigen wir diesen bedacht an, behalten wir den Inhalt der darauf steht zumeist, ohne den Zettel wirklich zu benutzen.

Richtig Wiederholen!

Generell ist es natürlich essentiell für den Lernerfolg, dass du die Inhalte, die du dir einprägen willst, regelmäßig wiederholst. Allerdings machen hierbei viele Menschen den Fehler und wiederholen das Gelernte ohne zeitlichen Abstand. Das Problem ist, dass wir auf diese Weise den ersten Speicherungsprozess des Wissens unterbrechen können. Aus diesem Grund ist es ratsam einen zeitlichen Abstand zwischen der Aufnahme von Informationen und der weiteren Verarbeitung, also dem Wiederholen, einzulegen. Wenn du dir beispielsweise morgens ein neues Thema aneignest, solltest du besser bis zum Abend warten, bis du das Gelernte wiederholst. Auf diese Weise gibst du deinem Gedächtnis genügend Zeit, sodass sich das Wissen erst einmal setzen kann.

Du kannst dich immer verbessern!

Die ersten Regeln geben dir einen guten Überblick, worin die Rahmenbedingungen für einen erfolgreichen Lernprozess liegen. Allerdings handelt es sich hierbei wirklich nur um die Basis und bei weitem nicht um eine vollständige Liste. Denn vollkommen egal welchen Lernweg du zunächst einschlägst - durch regelmäßiges Training und Offenheit gegenüber neuen Methoden kannst du dich immer weiter verbessern. Um mit der richtigen Einstellung zum Lernprozess zu beginnen, erwartet dich im nächsten Kapitel eine Einführung in das Thema Motivation.

Motivation zur Selbstmotivation

Damit das Lernen Spaß machen kann, liegt der Schlüssel zum Erfolg eindeutig im Thema Motivation. Sobald du motiviert bist dir neue Dinge anzueignen, fällt dir das Lernen automatisch leichter und du hast Spaß bei der Sache. Genau hierhin liegt nämlich auch eine der häufigsten Ursachen für fehlende Lernerfolge: Wenn du überhaupt nicht motiviert bist und keine Lust auf die Lerninhalte hast, nützt auch die meiste Anstrengung nur wenig. Deshalb möchte ich mit dir im Folgenden klären, was Motivation überhaupt ist und wie du es schaffen kannst, dich selber zu motivieren.

Was ist Motivation?

Wir alle werden bei unserer Handlung von verschiedenen Motiven geleitet. Dabei teilen sich allerdings sämtliche Motive das gleiche Ziel: Die Befriedigung von Bedürfnissen. In diesen Zusammenhang gehört es zur Natur der Dinge, dass wir uns hierbei nicht immer über die Motive, beziehungsweise die Bedürfnisse, die damit befriedigt werden sollen, bewusst sind.

Allerdings solltest du bereits an dieser Stelle die Erkenntnis mitnehmen, dass Motive keineswegs ausschließlich angeboren sind. Selbstverständlich hat der Mensch Grundbedürfnisse wie Schlaf, Hunger, Durst oder Nähe. Aber wir erwerben eine Vielzahl an Motiven erst im Laufe unseres Lebens. Daraus leitet sich selbstverständlich auch ab, dass eben diese Motive veränderbar sind. Dies hat für dich den Vorteil, dass du deine eigene Motivation aktiv in die richtige Richtung steuern und beeinflussen kannst.

Für die spätere Frage, wie du dich am besten selber motivieren kannst, müssen wir die Motive in zwei Typen einteilen. Auf der einen Seite gibt es das Motiv „um zu". Dabei lässt sich verallgemeinert sagen, dass das Lernen lediglich ein Mittel zum Zweck ist. Beispielsweise lernst du den Aufbau der Wertschöpfungskette eines Unternehmens, um die nächste Prüfung zu bestehen. Langfristig können wir hierbei das Mittel zum Zweck im Sinne des beruflichen Erfolgs oder auch Erfolg im Studium beschreiben.

Auf der anderen Seite gibt es aber auch das Motiv „auf Grund von". Hierbei lernst du etwas, da du an der Thematik interessiert bist. In unserem Beispiel würdest du den Aufbau der Wertschöpfungskette eines Unternehmens lernen, da du an der Materie interessiert bist und Spaß am Unternehmensaufbau hast. In diesem Szenario wirst du quasi vom Lerninhalt an sich motiviert.

Neben dieser Aufteilung, zwischen Motiven, die durch die Sache selbst motiviert sind und Motiven, die lediglich als Mittel zum Zweck fungieren, kann in intrinsische und extrinsische Motivation unterschieden werden. Dabei bedeutet die intrinsische Motivation ganz einfach, dass wir von innen heraus motiviert sind etwas zu tun. Demgegenüber steht die extrinsische Motivation, bei der unser Verhalten von äußeren Anreizen bestimmt wird.

Daran schließt sich die Frage nach der besten Kombination dieser Faktoren an, um den größtmöglichen Lernerfolg erzielen zu können. Diese liegt bei genauerer Betrachtung eigentlich eindeutig auf der Hand. Du hast am meisten Erfolg und Spaß am Lernen, wenn du intrinsisch und durch die Sache selbst motiviert bist. Dabei hast du Freude an dem, was du tust und Spaß an den Lerninhalten. Der größte Vorteil dieser Motivationskombination liegt darin, dass deine Antriebskraft so dauerhaft aufrechterhalten werden kann. Bist du hingegen extrinsisch motiviert und siehst das Lernen nur als Mittel zum Zweck, hält die Motivationsphase zumeist nur sehr kurz an.

Im Zuge dessen ist es wichtig, dass du auch hier zunächst einen Blick auf deine aktuelle Motivationslage wirfst. Bevor du mit einem größeren Lernfeld beginnst, solltest du dich selber fragen, wie dein aktueller Motivationszustand lautet. Was treibt dich an, die neuen Informationen aufzunehmen? Dabei solltest du dir ehrlich eingestehen, wenn du aktuell wenig motiviert bist oder dich durch äußere Faktoren leiten lässt und das Lernen nur als Mittel zum Zweck siehst. Genau an diesem Zustand wollen wir nämlich im nächsten Kapitel arbeiten. Hier gebe ich dir wertvolle Tipps und Tricks, wie du es schaffst, dich selbst zu motivieren.

Wie man sich selbst am besten motiviert?

Bevor wir uns verschiedenen Strategien widmen, mit denen du deine Selbstmotivation steigern kannst, werfen wir einen Blick auf dein persönliches Energiepotenzial. Dieses kannst du nämlich mit ganz einfachen Mitteln nachhaltig erhöhen. Dabei handelt es sich um eine Art Prozess, den du durchlaufen musst, um dein Energiepotenzial zu steigern.

So erhöhst du dein Energiepotenzial

Zuallererst solltest du eine Vision entwickeln. Wo willst du landen, nachdem du dir das ganze Wissen angeeignet hast? Führe dir die Situation bildhaft vor Augen! Dabei kann es sich beispielsweise um deine berufliche Situation im Anschluss an dein Studium handeln.

Im nächsten Schritt solltest du deine Vision auf einzelne Ziele herunterbrechen. Mache dir bewusst, wie die nächsten Meilensteine aussehen und was du als nächstes erreichen willst. In diesem Zusammenhang empfehle ich dir unbedingt, dass du deine Ziele schriftlich festhältst. Genau diese Zielliste kannst du dann an deinem Arbeitsplatz positionieren, sodass du ständig dein Vorhaben im Blick hast.

Im Anschluss daran solltest du eine Strategie entwickeln, mit der du deine Ziele erreichen kannst. Im Hinblick auf die Lernsituation bedeutet das, dass du dich für konkrete Lernmodelle entscheiden solltest, die bestmöglich für deine Ziele geeignet sind. Aber hab keine Sorge: In diesem Buch schauen wir uns Schritt für Schritt die Methoden an, die du brauchst, um deine individuelle Lernstrategie entwickeln zu können.

Daran schließt sich die Planungsphase an. Auch wenn dieser Schritt extrem simple klingt, machen viele Menschen den Fehler und überspringen diesen Punkt. Aber glaube mir, für einen erfolgreichen Lernprozess ist eine gut durchdachte Planung absolut notwendig. Notiere dir einen genauen Zeitplan, indem du festhältst, wann du was lernen willst. Wichtig ist hierbei, dass du anspruchsvolle, aber dennoch realistische Etappen zur Zielerreichung wählst. Es bringt nichts, wenn du deinen Lernplan so gestaltest, dass du am Ende von jedem Tag frustriert bist, da du deinen Zeitplan nicht einhalten konntest. Also sei realistisch und plane Pufferzeiten mit ein!

Erst jetzt beginnt die eigentliche Lernphase. Hier solltest du dir noch einmal über alle zuvor absolvierten Schritte bewusst werden und dann voller Aufmerksamkeit in den Lernprozess einsteigen. Du weißt jetzt wofür du die neuen Inhalte lernst und welche Ziele und Visionen du damit verfolgst. Es ist wichtig, dass du voller Konzentration bei der Sache bist und dich nicht ablenken lässt. Nur so kannst du es schaffen, deinen zuvor aufgestellten Zeitplan einzuhalten. Nutze deine fest eingeplanten Lernzeiten effektiv, um dein gesamtes Pensum zu schaffen.

Zuletzt möchte ich dir noch das Stichwort Beharrlichkeit mit auf den Weg geben. Denn an dieser Stelle liegt der Schlüssel zum Erfolg quasi nur noch darin, dass du am Ball bleibst. Versuche darauf zu achten, dass dein Energiepotenzial nicht durch kurzfristige Rückschläge eingedämmt wird. Es ist vollkommen normal, dass du nicht mit allen Lerninhalten gleich gut zurechtkommst. Es passiert ebenso jedem von uns, dass wir an einigen Tagen unseren Zeitplan nicht einhalten können. Lasse dich davon nicht unterkriegen und denke immer daran, dass du alles, was du dir vornimmst, auch erreichen kannst!

Strategien zur Selbstmotivation

Ein sehr simpler aber zugleich wahnsinnig effektiver Tipp ist es, sich Teilziele zu stecken. Die Ursache hierfür liegt darin, dass dich dein eigener Lernerfolg am stärksten motiviert. Wenn du merkst, dass du ein Thema komplett verstanden hast, löst dies einen inneren Antrieb in dir aus. Allerdings gehört es zur Natur der Dinge, dass du bei einigen Themen Schwierigkeiten haben wirst. Daher solltest du auch kleine Teilerfolge einplanen. So hast du auch bei komplexen Themen immer wieder Erfolgserlebnisse und kannst deine Motivation aufrechterhalten.

Eine weitere Möglichkeit ist die Selbstmotivation durch Belohnung. Auch hiermit haben wir das Rad nicht neu erfunden, aber die Zuckerbrotmethode hat definitiv ihre Daseinsberechtigung. Wichtig ist hierbei, dass du im Vorfeld ganz konkret planst, mit was du dich belohnen willst. Zudem solltest du die Belohnung immer an spezifische Ziele knüpfen. Ansonsten passiert es schnell, dass du nach den ersten drei Sätzen, die du geschrieben hast, den Weg in die Küche suchst, um dich mit einem Snack zu belohnen. Worin genau deine persönliche Belohnung besteht, kannst du individuell entscheiden. Vielleicht einfach eine Tasse Kaffee oder ein kurzer Spaziergang an der frischen Luft? Hier sind deiner Kreativität keine Grenzen gesetzt.

Ein weiterer Tipp ist es, aktiv Spaß in den Lernalltag miteinzubringen. Auch wenn dieser Tipp zunächst einfacher klingt, als er in der Umsetzung ist, kannst du mit dieser Methode große Erfolge erzielen. Insbesondere bei sehr theoretischen Lerninhalten solltest du nach einer Möglichkeit suchen, wie du den Lernstoff interessanter und lebendiger gestalten kannst. Eine Maßnahme ist in diesem Zusammenhang, den Lernstoff so aufzubereiten, dass er verschiedene Sinne anregt. Probiere doch beispielsweise aus einem langweiligen Gesetzestext ein interessantes Schaubild mit verschiedenen Farben zu machen. Eine weitere Option ist es, sich online auf YouTube verschiedene Erklärvideos zu deinen Lerninhalten anzuschauen. So ein Medienwechsel macht auch eintönige Lerninhalte häufig schon wesentlich interessanter.

Weiterhin solltest du versuchen, die Lerninhalte mit alltäglichen Situationen zu verbinden. Wenn es dir gelingt den Lernstoff mit bekannten Situationen oder Anwendungen zu verbinden, ist es nicht nur einfacher sich die Informationen zu merken, sondern es macht auch mehr Spaß. Du wirst staunen, wie viele der auf den ersten Blick theoretischen Inhalte du mit Situationen aus deinem Alltag verbinden kannst. Auf diese Weise führst du dir auch noch einmal vor Augen, wofür du dir das Wissen aneignest, beziehungsweise wie es dich im Alltag voranbringen kann.

Letztlich rate ich dir dazu, dir eine Lerngruppe zu suchen. Den meisten Menschen fällt es wesentlich einfacher mit anderen Leuten gemeinsam zu lernen. Dabei kann es sich entweder um einen einzelnen Lernpartner oder um eine ganze Arbeitsgruppe handeln. Wenn du siehst, dass deine Mitmenschen konzentriert arbeiten, fällt es dir im Regelfall ebenfalls einfacher bei der Sache zu bleiben. Zudem könnt ihr in einer solchen Gruppe meist voneinander profitieren, sodass ihr euch Inhalte gegenseitig erklären könnt. Natürlich könnt ihr auf diese Weise auch Erfolge zusammen feiern. Selbstverständlich ist dabei auch immer ein wenig

Zeit für private Gespräche, sodass dein Kopf auch kleine Lernpausen bekommt und deine Stimmung steigt.

Übung: Halb voll oder halb leer?

Bevor wir in das nächste Thema einsteigen, würde ich dich bitte eine kurze Übung zu absolvieren. Stelle dir zwei unterschiedliche Typen von BWL-Studenten vor. Beide stehen vor der Aufgabe einen Vortrag zum Thema „Unterschiedliche Formen der Unternehmensfinanzierung" vorzubereiten. Student Nummer 1 arbeitet voller Zuversicht und erfolgsgewohnt an der Aufgabe, während Student Nummer 2 den Vortrag mit ständiger Angst vor Fehlern und Misserfolg vorbereitet.

Beantworte die folgenden Fragen zum Verhalten der beiden Studenten, um dir über die Relevanz der Einstellung im Lernprozess bewusst zu werden. Es lohnt sich, wenn du dir kurz die Zeit für diese Aufgabe nimmst. Anschließend bist du besser auf das nächste Kapitel zum Thema Lernhemmungen und Lernblockaden vorbereitet. Also, nimm dir nicht selber den Lernerfolg und mache ein paar kurze Notizen zu den untenstehenden Fragen.

- Welche Ziele haben beide Studenten für ihren Vortrag?
- Wie offen gehen sie mit der Zielsetzung um?
- Wie nutzen die Beiden die Zeit zur Vorbereitung des Vortrags?
- Welche Leistungen erbringen die Beiden bei einer einfachen Aufgabe?
- Welche Leistungen erbringen die Beiden bei einer schwierigen Aufgabe?

Lernhemmungen und Lernblockaden

Du wirst die Situation mit Sicherheit selber kennen, dass egal, wie motiviert du bist, es mit dem Lernen einfach nicht klappt. Du sitzt stundenlang vor deinen Unterlagen aber es bleibt nichts im Kopf hängen. Zu allererst: Keine Sorge, damit bist du nicht allein. Wohl jeder von uns kennt Lernhemmungen und Lernblockaden. Dieses Gefühl, dass irgendetwas unseren Kopf blockiert und sämtliche Lernanstrengungen sinnlos erscheinen. So nervig und anstrengend diese Hemmungen auch sein mögen, das Gute ist, dass es hierfür einfache Lösungen gibt, um diesen entgegenzuwirken. Doch bevor wir zu der Frage kommen, wie du es schaffst, deine Lernhemmungen zu umgehen, sollten wir einen Blick darauf werfen, welche Arten von Hemmungen es gibt.

Arten von Hemmungen

Wir haben zu Beginn des Buches ja bereits festgestellt, dass Lernen ein ganzer Prozess ist. Wenn du Informationen wahrnimmst, dauert es bis diese im Langzeitgedächtnis gespeichert werden können. Wird dieser Prozess gestört, können starke Lernhemmungen eintreten. Nachfolgend kläre ich dich über die vier häufigsten Arten von Lernblockaden auf.

Psychische Lernhemmung

Diese psychische Lernhemmung findest du in anderen Ratgebern auch häufig unter der Bezeichnung affektive Gedächtnishemmung. Diese tritt insbesondere dann ein, wenn du auf Grund eines extremen Schocks, Angst oder Stress keine Informationen mehr aufnehmen kannst. Durch diese Ausnahmesituationen blockiert dein Gedächtnis sozusagen die Speicherung von Informationen. Du nimmst diese zwar wahr, aber die Übertragung der Impulse in das Langzeitgedächtnis ist stark beeinträchtigt.

Intervallhemmung

Die Intervallhemmung tritt besonders häufig bei denjenigen auf, die bereits in das Berufsleben eingetreten sind. Diese Art der Blockade tritt ein, wenn wir zu viele Informationen auf einmal aufnehmen wollen. In diesem Fall werden die Kapazitäten des Kurzzeitgedächtnisses überstiegen, da es schlichtweg um zu viele unterschiedliche Informationen handelt. Diese Intervallhemmung nehmen wir zumeist gar nicht als richtige Lernblockade wahr, sondern als Gefühl der Überforderung. Du kennst die Situation vielleicht selbst aus deinem eigenen Arbeitsalltag. Das Telefon klingelt, du bekommst zeitgleich eine wichtige E-Mail, an der Tür klopft ein Kollege mit einem wichtigen Anliegen – genau bei einem solchen Szenario kommt es zur Intervallhemmung, da zu viele Impulse auf dich einströmen.

Ähnlichkeitshemmung

Wie der Name bereits verrät, tritt die Ähnlichkeitshemmung dann ein, wenn sich Informationen stark ähneln. Auf diese Weise passiert es schnell, dass du Informationen verwechselst und diese durcheinanderbringst. In diesem Zusammenhang können wir das Ganze auch wieder an einem einfachen Beispiel verdeutlichen. Viele Studenten verfolgen noch immer die Taktik, einfach das ganze Skript immer und immer wieder zu Lesen, um dieses auswendig zu lernen. Auf diese Weise fehlt jedoch sämtliche Abwechslung. Wenn du die ganze Zeit einen Text zu einem Oberthema ohne dabei auf andere Lernformen zu wechseln, tritt schnell eine Ähnlichkeitshemmung auf. Du kennst das Problem vielleicht selbst, auch nach mühesamen Auswendiglernen fällt es dir im Nachhinein schwer, die einzelnen Informationen voneinander unterscheiden zu können.

Wiedergabehemmung

Dieses Phänomen werden wohl vor allem diejenigen kennen, die sich regelmäßig mit Prüfungssituationen auseinandersetzen müssen. Es gibt wohl kaum eine ärgerlichere Situation, als das mühsam gelernte Wissen in der Prüfung nicht wiedergeben zu können. Ein häufiger Grund hierfür ist, dass du zu früh beginnst, neues Wissen zu lernen. Wenn du dir neue Informationen aneignest, bevor du das zuvor Gelernte wiederholst, blockierst du den Prozess der Wisseneinlagerung. Als Resultat gelingt es dir dann insbesondere in Prüfungssituationen nicht mehr auf das erlernte Wissen zurückgreifen zu können. Aus diesem Grund sei bereits an dieser Stelle der Hinweis zu treffen, dass es kurz vor einer anstehenden Prüfung nicht sinnvoll ist, sich mit neuen Lerninhalten auseinanderzusetzen.

Wie man diese Hemmungen umgeht

Es gibt viele verschiedene Strategien, mit denen wir den Lernhemmungen entgegenwirken können. Dabei ist aber besonders interessant, dass eine der einfachsten Lösungen gleichzeitig die erfolgsversprechende Strategie ist. Durch ein vernünftig geplantes Pausenmanagement kann es dir gelingen, dass du Situationen umgehst, in denen einen Lernblockade auf dich zukommen kann.

Auch wenn sich das Pausenmanagement im ersten Moment recht selbsterklärend anhören mag, gibt es dennoch einige Aspekte, die du für einen erfolgreichen Lernprozess beachten solltest. An dieser Stelle ist das richtige Zeitmanagement der Schlüssel zum Erfolg. Du solltest deine Pausen nicht zu früh einlegen, da du in der Regel erst eine gewisse Anlaufphase brauchst, bist du richtig im Lernmodus bist. In diesem Zusammenhang ist zudem die konkrete Pausenlänge von Relevanz. Auf der einen Seite dürfen sie nicht zu kurz sein, damit dein Gehirn Zeit hat die Informationen zu verarbeiten. Auf der anderen Seite musst du auch dafür sorgen, dass die Pausen nicht zu lang sind, da du ansonsten im Anschluss an die Unterbrechung wieder mit der Anlaufphase beginnen musst, weil du schon zu viel vergessen hat. Letztlich ist es ratsam, dass sich deine Pause größtmöglich vom Lernprozess unterscheidet, damit du nicht nur dir selbst, sondern auch deinem Gehirn eine Verschnaufpause gönnst. Wenn du beispielsweise einen langen Text gelesen hast, solltest du in der Pause nicht zu deinem Lieblingsbuch greifen, da sich so keine Erholungsmöglichkeit für dein Gedächtnis bietet.

Damit du deine Pausen gezielt in einen langen Lerntag einbinden kannst, stelle ich dir im Folgenden drei unterschiedliche Typen von Pausen vor.

Die Minipause

Wie der Name bereits verrät handelt es sich hierbei wirklich nur um eine sehr kurze Unterbrechung. Du solltest in etwa alle 30 Minuten eine kurze Pause einlegen, die maximal fünf Minuten andauert. In dieser Zeit ist es sinnvoll, sich zu strecken und ein paar Schritte zu machen. Verlasse deinen Arbeitsplatz, schnappe kurz frische Luft und hole dir ein Glas Wasser. In diesem Zusammenhang kann es sinnvoll sein, wenn du dir an deinem Smartphone ganz einfach einen Timer stellst, der dich halbstündlich an deine Minipause erinnert. Wichtig ist natürlich, dass du dich in der restlichen Zeit dann nicht von deinem Handy ablenken lässt, sondern die Lernzeit effektiv nutzt.

Die Kaffee- oder Teepause

Ob du in der sogenannten Kaffee- oder Teepause dir wirklich einen Kaffee oder Tee machst, ist dir natürlich selbst überlassen. Hierbei handelt es sich einfach um eine etwas längere Pause, die zwischen 15 und 20 Minuten dauern sollte. Dabei ist es ratsam eine solche Unterbrechung nach etwa eineinhalb bis zwei Stunden produktivem Lernen einzulegen. An dieser Stelle solltest du auf jeden Fall deinen Arbeitsplatz verlassen und für einen räumlichen Wechsel sorgen. Es hat sich zudem herausgestellt, dass das „Nichtstun" nicht die beste Lösung ist, um dir und deinem Gedächtnis in dieser Zeit Ruhe zu gönnen. Mache stattdessen etwas was dir Spaß macht und bei dem du das Gefühl hast dich selbst zu belohnen wie eine Tasse Kaffee oder Tee, idealerweise an der frischen Luft.

Die Erholungspause

Die Erholungspause ist genau das richtige Mittel für sehr lange und anstrengende Lerntage. Wenn du mehr als drei Stunden am Stück lernst, solltest du danach eine Erholungspause einlegen. Wie lange diese genau dauern sollte, hängt davon ab, wie du dich fühlst und wie anstrengend oder kompliziert die vorherigen Lerninhalte waren. Allerdings solltest du darauf achten, dass auch die Erholungspause nicht länger als zwei Stunden dauert, da du ansonsten wieder mit einer extrem langen Anlaufphase starten musst. In dieser Zeit kannst du einfach das machen, wonach dir gerade ist. Eine solch lange Pause eignet sich beispielsweise ideal dafür, um in der Mittagszeit etwas zu kochen, zu essen und dann einfach mal ein wenig auf dem Sofa zu entspannen oder ein paar Schritte vor der Haustür zu machen.

Bei allen drei Pausentypen ist es wichtig, dass du die richtige Einstellung zu diesen Erholungsphasen hast. Du musst dir immer vor Augen führen, dass es sich dabei definitiv um keine Zeitverschwendung handelt. Durch diese kurzen Unterbrechungen im Lernprozess gelingt es dir insgesamt deinen Lernerfolg erheblich zu steigern!

Zudem ist es wichtig, dass du dein tägliches Lernpensum nicht übersteigst. Achte darauf, dass du maximal zwei Lernblöcke von drei Stunden an einem Tag einplanst. Viele Studenten neigen dazu, sich utopische Lernziele zu setzen und mindestens zehn Stunden Lernzeit einzuplanen. Allerdings weist beispielsweise der Psychoanalytiker Hans-Werner

Rückert darauf hin, dass ein solcher Zeitraum nicht mehr produktiv genutzt werden kann und der Lernerfolg stattdessen sinkt. Gönne dir und deinem Gehirn also genügend Zeit, um das Erlernte sacken zu lassen und sich zu entspannen. Und zum guten Schluss ist es wichtig, dass du den Feierabend eines langen Lerntages genießt. Tue dir etwas Gutes! Triff dich mit Freunden, gehe zum Sport und gucke einen guten Film. Versuche abzuschalten und Kraft für den nächsten Lerntag zu sammeln.

Persönliche Leistungskurve ermitteln

Wie bereits zu Beginn erwähnt, ist es sinnvoll, dass du dir vor wichtigen Aufgaben oder Prüfungen einen Lernplan erstellst. Dabei machen viele Menschen den Fehler und teilen einfach ohne jegliche Vorüberlegungen ihre Lernzeiten ein. Es macht jedoch wesentlich mehr Sinn, wenn du dir zu Beginn darüber bewusst wirst, an welchen Tageszeiten du besonders fit und aufnahmefähig bist. Einigen von uns fällt es am einfachsten, morgens direkt nach dem Aufstehen neue Inhalte zu lernen. Andere wiederrum stellen fest, dass sie gegen Abend den Kopf besonders frei haben, um neue Informationen aufzunehmen.

Aus diesem Grund solltest du zu Beginn des Lernprozesses deine individuelle Leistungskurve ermitteln. Fertige im Zuge dessen ein Diagramm an, indem du unten auf der X-Achse die Tageszeiten einträgst. Auf der senkrechten Y-Achse fertigst du dann eine Skala mit deiner Leistungsfähigkeit von 0 – 100 Prozent an. Nun solltest du dieses Diagramm an drei aufeinanderfolgenden Tagen ausfüllen. Lerne einfach so, wie du es bisher gewohnt bist. Nur dieses Mal, solltest du darauf achten, dich selber zu reflektieren. Wann fiel es dir besonders leicht neue Informationen aufzunehmen? Gibt es Zeiten, zu denen du dir, trotz größter Anstrengung, einfach keine Lerninhalte merken kannst?

Im Anschluss an diese dreitätige Beobachtungsphase, hast du eine gute Grundlage, auf der du deinen Lernplan aufbauen kannst. Nutze die Zeiten, in denen deine Leistungsfähigkeit besonders hoch ist, gezielt für komplexe Themen und neuen Lernstoff. Dahingegen kannst du deine schwächeren Zeiten für Pausen oder einfachere Anwendungsaufgaben nutzen. Auf diese Weise kannst du deine persönliche Leistungskurve ideal ausschöpfen und deinen Lernplan individuell an dich anpassen.

Stress und Prüfungsangst

Bevor wir zum Thema Prüfungsangst kommen, müssen wir einen genaueren Blick auf den Faktor Stress werfen. Dabei müssen wir zunächst zwischen zwei verschiedenen Arten von Stress unterscheiden, denn nicht jeder Stress ist schlecht für deinen Lernprozess.

Auf der einen Seite gibt es nämlich den leistungsfördernden Stress, den sogenannten Eustress. Dieser wird auch positiver Stress genannt und hat im Rahmen des Modells von Hans Selve weltweit Anerkennung gewonnen. Auch diesen empfinden wir nicht immer als angenehm, da durch ihn neben Lebensfreude, auch Lampenfieber und Nervosität ausgelöst werden können. Allerdings sorgen diese leichten Erregungszustände dafür, dass wir dazu in der Lage sind Höchstleistungen abzurufen. Dieses Phänomen kennen einige vielleicht von einem Auftritt auf der großen Bühne. Auch wenn man davor extrem nervös ist, schaff man es meistens seine Leistung der Generalprobe noch einmal zu überbieten. Das gleiche Szenario lässt sich auf die Lernsituation übertragen, auch hier führt der Eustress zu Bestleistungen. Somit ist der leistungsfördernde Stress keine Bedrohung für deine Lernsituation.

Anders verhält sich die Situation in Bezug auf die zweite Form des Stresses, den sogenannten Disstress. Dieser kann für erhebliche Probleme im Lernprozess sorgen, da er dich mit Gefühlen wie Angst und Erschrecken konfrontiert. Häufig verursachen wir mit unserer eigenen Einstellung unterbewusst eine solche Stressreaktion unseres Körpers. Insbesondere bei Aufgaben, die wir persönlich als sehr schwer wahrnehmen, neigen wir dazu, die Furcht vor Misserfolg zu entwickeln. Wir haben Angst an der Aufgabe zu scheitern und fühlen uns ihr nicht gewachsen. Genau dieser Gedankengang löst dann den lernhemmenden Disstress in uns aus, sodass wir uns in einer Art Teufelskreis bewegen.

Bevor wir nun zu den Lösungsansätzen gelangen, möchte ich noch einen Hinweis auf die optimale Balance des Stressniveaus hinweisen. Es ist logisch, dass der Disstress nicht überwiegen sollte und du keine Versagensängste entwickeln solltest. Allerdings liegt das größte Potenzial zwischen Eustress und Disstress. Denn zu viel Eustress, der mit sehr einfachen Aufgaben einhergeht, führt schnell zu Flüchtigkeitsfehlern und einem Motivationsverlust, da du dich unterforderst fühlst.

4 Stressarten im Lernprozess

Nachdem wir die Grundlagen und theoretischen Überlegungen abgeschlossen haben, möchte ich dir vier Stressarten im Lernprozess vorstellen und dir aufzeigen, wie du diese bewältigen kannst.

Der Motivationsstress

Diese Variante des Stresses entsteht, wenn dir die Motivation im Lernprozess fehlt. Dies ist insbesondere darauf zurückzuführen, dass du schlichtweg keinen Sinn in dieser Tätigkeit siehst. Du findest keine erkennbare Bedeutung, sodass es dir extrem schwerfällt, dich zum Lernen, beziehungsweise zum Arbeiten, aufzuraffen. Um dieser Situation entgegenzuwirken, solltest du dir einen ruhigen Ort suchen und dir Zeit für die Beantwortung einiger Fragen nehmen. Hinterfrage noch einmal gezielt welchen Sinn diese Aufgabe eigentlich hat. Wozu brauchst du den Lernstoff in Zukunft? Wenn du intensiv darüber nachdenkst, wirst du schnell zu der Erkenntnis kommen, dass keine Aufgabe komplett sinnlos ist.

Konzentrationsstress

Auch wenn du motiviert bist, kann es vorkommen, dass es dir einfach nicht gelingt, dich zu konzentrieren. In diesem Fall rate ich dir in erster Linie dazu, eine vollkommen ruhige Lernumgebung zu schaffen. Auch wenn einige Menschen berichten, dass sie beispielsweise mit Musik im Hintergrund besser lernen können, solltest du zunächst alle Geräuschquellen abstellen, wenn du unter Konzentrationsproblemen leidest. Versuche zudem alle störenden Gedanken aus deinem Kopf zu verdrängen. Während des Lernens ist nicht die richtige Zeit, um sich gedanklich mit Problemen aus dem Freundeskreis auseinanderzusetzen. Schreibe dir alle privaten „Baustellen“ einfach auf einen kleinen Zettel, sodass du dich diesen beruhigt nach deiner Lernzeit widmen kannst. Zudem solltest du verschiedene Konzentrationsübungen ausprobieren, auf die ich im nächsten Kapitel näher eingehe.

Aktivierungsstress

Du bist ganz einfach antriebslos? Dir fällt es extrem schwer dich dazu motivieren, überhaupt erstmal mit dem Lernen anzufangen? Schaffe dir dazu zuerst eine angenehme Lernatmosphäre, in der du dich wohlfühlst. Stelle beispielsweise ein Foto oder einen Kalender mit motivierenden Sprüchen auf. Lege deine liebsten Hilfsmittel griffbereit und das Wichtigste: Sorge für Ordnung! Nur wenn dein Arbeitsplatz sauber und aufgeräumt ist, macht es Spaß sich dort hinzusetzen und endlich mit dem Lernen zu beginnen. Zudem solltest du auf ein gutes Pausenmanagement achten, wenn du häufig an Aktivierungsstress leidest. Auf diese Weise kannst du immer wieder kurze Erholungspausen einbinden, auf die du dann gezielt hinarbeiten kannst. Durch diese kleinen Erfolge steigt deine Motivation dann insgesamt und dir fällt es leichter mit einer Aufgabe zu beginnen.

Durchhaltestress

Wie der Name bereits verrät, handelt es sich hierbei um das Problem, dass wir Schwierigkeiten dabei haben, eine Aufgabe zu Ende zu bringen. An dieser Stelle macht es aus deiner Sicht am meisten Sinn, dass du dir detaillierte Lernpläne anfertigst. Durch ein gut geplantes Zeitmanagement fällt es dir leichter, eine Aufgabe oder ein Lernthema auch wirklich bis zum Ende durchzuziehen. Erarbeite dir hierzu kleine Aktionspläne, in die du immer wieder Belohnungen einbindest. Wichtig ist in diesem Zusammenhang auch, dass es für deinen Lernerfolg extrem wichtig ist, dass du dich sehr genau an deinen Lernplan hältst. Sei an dieser Stelle streng zu dir selbst und nutze deine Lernphase produktiv! Natürlich solltest du dann auch mindestens genauso akribisch darauf achten, dass du dich in deinen Pausenzeiten entspannst.

Lasse dich nicht von deiner Prüfungsangst aufhalten

Unabhängig davon, unter welchen Lernhemmungen und Stressarten du leidest, ist es wichtig, dass du dich nicht von deiner Prüfungsangst entmutigen lässt. Setze dich bewusst mit ihr auseinander und versuche die Angst, auch wenn es im ersten Moment paradox klingen mag, als Chance zu sehen.

Mache dir im Zuge dessen ein realistisches Bild von der Prüfungssituation. Überlege dir, wie tragisch es tatsächlich sein sollte, wenn du die Prüfung nicht bestehst? Hast du überhaupt weitreichende Konsequenzen zu befürchten? Diese Gedankengänge sollen dir dabei helfen, dass du der

Prüfung keinen zu hohen Stellenwert zuordnest. Natürlich solltest du die Situation ernst nehmen und dein Bestes geben, aber dabei die Prüfung auf keinen Fall überbewerten.

Zudem kann es bei der Überwindung der Prüfungsangst hilfreich sein, wenn du die Prüfung schon einmal genau im Kopf durchspielst. Stelle dir vor wie du in den Raum gehst und wie die Situation ablaufen wird. Mache dir an dieser Stelle auch Gedanken darüber, welche Inhalte abgefragt werden. Hier macht es Sinn, dass du dir potenzielle Fragen wirklich notierst und diese als Lernhilfe nutzt. Spiele die Prüfungssituation am besten durch: Setze dir also einen Timer und bearbeite die Fragen, die du dir selber zuvor notiert hast. Auf diese Weise merkst du schnell, dass die Situation nicht so bedrohlich ist, wie sie für dich im ersten Moment erscheinen mag.

Weiterhin ist es ratsam, wenn du dir ganz konkret bewusst machst, wovor genau du Angst hast. Werde dir also über negative Gedanken bewusst. Vielen schwirrt diesbezüglich die Angst im Kopf herum, dass sie ein komplettes Blackout haben oder ihnen zum Themenbereich XY einfach nichts mehr einfallen wird. Wenn du dir diese Gedanken bewusst machst, hilft dir das dabei sie zu entschärfen. Zudem kannst du auf diese Weise gezielter an deinen Ängsten arbeiten.

Und das Wichtigste ist natürlich: Glaube an dich selbst! Lasse dich nicht zu sehr von deiner Angst beeinflussen, sondern versuche stärker zu sein als deine Prüfungsangst. Motiviere dich selbst und mache dir immer wieder bewusst, dass du alles schaffen kannst, was du willst!

Checkliste gegen Prüfungsangst

Damit du deine Prüfungsphase möglichst angstfrei durchlaufen kannst, habe ich in der nachfolgenden Liste noch einmal alle wichtigen Aspekte für dich zusammengestellt. Hier kannst du einfach abharken, was du schon geschafft hast und siehst auf einen Blick welcher Schritt dir bei der Angstbeseitigung noch fehlt.

1. Schätze die Prüfungslage realistisch ein!

✓ Wie wichtig ist das Prüfungsergebnis?
✓ Welche Bedeutung hat die Prüfung in deinem Studium/ Berufsleben?
✓ Welches Ergebnis brauchst du?

2. Werde dir über deine Gedanken bewusst!

✓ Wovor hast genau Angst?
✓ Worin liegt die Ursache für deine Angst?
✓ Fokussiere dich auf deine Stärken anstatt dir Sorgen über deine Ängste zu machen!
✓ Mache dir klar, dass Angst nicht zwangsläufig schlecht ist. Ein gutes Maß fördert sogar deine Leistung!

3. Übe die Prüfungssituation!

✓ Wie genau wird die Prüfung ablaufen?
✓ Setze dir einen Timer und bearbeite schriftlich eine Probeprüfung!
✓ Überlege dir, welche Fragen und Inhalte in der Prüfung drankommen!

4. Baue Abwechslung in deinen Lernplan ein!

✓ Wechsel deine Lernmethoden, stelle abwechselnd Fragen und suche Antworten!
✓ Verändere deine Lernposition (Stehend, Sitzend)!
✓ Lerne im Wechsel auswendig und schreibe anschließend das Erlernte auf!

5. Stelle einen detaillierten Lernplan auf!

- ✓ Plane deine Lern- und Pausenseiten!
- ✓ Reflektiere deinen Lernplan und überprüfe, ob der Umfang passend war!

6. Suche dir einen Ausgleich zum Lernen!

- ✓ Unternehme etwas mit Freunden, gehe ins Kino oder treibe Sport!
- ✓ Gönne dir etwas, wenn du dein Lernplan eingehalten hast!

7. Am Tag vor der Prüfung nur Wiederholen und keinen neuen Stoff mehr einbringen!

8. Sorge für ausreichend Schlaf und eine gesunde Ernährung!

Das Geheimnis der perfekten Konzentration

Egal wie gut durchdacht dein Lernplan ist, der Schlüssel zum Erfolg liegt in deiner Konzentration. Die Erfolge bleiben nämlich aus, wenn du dich in deiner Lernzeit an den Schreibtisch setzt, aber dabei andere Dinge im Kopf hast, anstatt deiner Lerninhalte. Wir alle kennen doch die Situation, auch wenn wir uns fest vorgenommen haben, eine Aufgabe konzentriert zu bearbeiten, sitzen wir davor und kommen überhaupt nicht voran und denken an Tausend andere Dinge. Das Gute daran ist, du bist definitiv nicht die einzige Person, die dieses Problem kennt. Und noch besser ist, dass es hilfreiche Methoden und Tricks gibt, die dir dabei helfen, deine Konzentration zu steigern.

Wie du deine Konzentration steigerst und dich nicht mehr ablenken lässt

Bevor wir uns mit konkreten Methoden beschäftigen, die dir dabei helfen, dich besser zu konzentrieren, werfen wir einen Blick auf einige Grundlagen zum Thema Konzentration. Dabei möchte ich dich allerdings von Anfang an darauf hinweisen, dass du dir diese Aspekte wirklich zu Herzen nehmen solltest. Es bringt wenig, wenn du diese nur kurz liest und anschließend wieder aus deinem Gedächtnis löschst. Die Tipps und Tricks bringen nur etwas, wenn du sie auch wirklich anwendest.
Damit kommen wir auch direkt zum ersten Faktor, denn ausreichend erholsamer Schlaf ist eine Grundvoraussetzung für eine hohe Konzentrationsfähigkeit. Auch wenn es sich hierbei mit Sicherheit um keine bahnbrechende Erkenntnis für dich handelt, solltest du spätestens an

dieser Stelle ernsthaft hinterfragen, ob du genügend Schlaf bekommst. Viele Menschen sind sich zwar darüber bewusst, dass es sich hierbei um eine essentielle Möglichkeit handelt, die Energiereserven des Körpers aufzufüllen, aber ändern trotzdem nichts an ihrem eigenen Schlafverhalten. Welches die perfekte Menge an Schlaf ist, ist eine sehr individuelle Entscheidung. Einigen Menschen reichen sechs Stunden pro Nacht, anderer wiederum benötigen acht Stunden, damit sie sich am Tag richtig konzentrieren können. Höre hier bewusst auf deinen Körper und gönne ihm diese so wichtigen Ruhepausen.

Ein weiterer grundlegender Aspekt ist das Thema Ernährung. Auch wenn auf den ersten Blick der Zusammenhang zwischen Konzentration und Ernährung nicht direkt erkennbar ist, handelt es sich um einen hilfreichen Tipp, der eine gute Voraussetzung dafür bietet, deine Konzentrationsfähigkeit zu maximieren. Auf der einen Seite klingt es einleuchtend, dass eine ausgewogene und nährstoffreiche Ernährung gut für den Körper ist. Auf der anderen Seite sind wir uns aber trotzdem häufig nicht bewusst, welche Folgen ungesunde Lebensmittel in uns auslösen. Beispielsweise resultieren starke Schwankungen des Blutzuckerspiegels aus dem Verzehr von sehr zuckerhaltigen Lebensmitteln wie Süßigkeiten aber auch Softdrinks. Und genau dieser sogenannte Zuckerschock führt dazu, dass es dir extrem schwer fällt dich zu konzentrieren. Achte also insbesondere in sehr lernintensiven Phasen darauf, dass du dich ausgewogen ernährst und deinem Körper auf diese Weise ausreichend Energie lieferst.

Zuletzt ist es im Rahmen der Grundlagen extrem wichtig, dass du lernst, deinen Stress aktiv abzubauen. Viele Menschen gehen davon aus, dass es nach einem langen und stressigen Tag die beste Lösung ist, abends auf dem Sofa zu liegen und nichts zu tun. Auch wenn sich dein Körper in dieser Zeit natürlich erholt, schaffst du es durch diese Variante in den seltensten Fällen wirklich ebenso mentalen Stress abzubauen. Auch wenn du dich platt fühlst, rate ich dir dazu, dich dazu aufzuraffen, abends beispielsweise noch einen kurzen Spaziergang zu machen. Generell bietet Sport eine ideale Möglichkeit, um den Kopf freizubekommen und sämtlichen Stress zu vergessen. Auch gezielte Entspannungsübungen können an dieser Stelle extrem hilfreich sein - dazu kommen wir aber später noch genauer. Wichtig ist einfach, dass du aktiv versuchst den Stress abzubauen, anstatt nur faul auf der Couch zu liegen. Du wirst sehr schnell merken, dass es dir auf diese Weise viel besser geht und du dich insgesamt ausgeglichener fühlst.

Methoden, mit denen du deine Konzentration steigern kannst

Nachdem wir die drei Grundlagen Schlaf, Ernährung und Stressabbau abgearbeitet haben, befassen wir uns nun mit konkreten Methoden, die dir dabei helfen, deine Konzentration zu steigern. Diese basieren alle auf unterschiedlichen Studien. Deshalb kannst du allen Tipps, auch wenn sich einige im ersten Moment seltsam anhören mögen, Vertrauen schenken. In jedem Fall sind die Methoden allesamt sehr einfach in der Umsetzung, sodass du einfach mal probieren solltest, welche Methode für dich am besten funktioniert.

Tipp 1: Konzentration durch Kaffee

Wer kennt die morgendliche Tasse Kaffee nicht, um erst einmal richtig in den Tag zu starten. Allerdings können ein paar Tassen Kaffee über den Tag verteilt wirklich dazu führen, dass du deine Konzentration steigern kannst. Das enthaltene Koffein sorgt dafür, dass deine physiologische Erregung erhöht wird, und du dich nicht mehr so schnell ablenken lässt. Natürlich enthalten auch Energydrinks und einige Softdrinks Koffein. Allerdings ist bei diesen Varianten der Zuckergehalt in der Regel so hoch, dass du bei diesen Getränken insgesamt einen negativen Einfluss auf deine Konzentrationsfähigkeit erzielst. Also, greife in deinen Lernphasen ruhig öfter mal zu einer Tasse Kaffee.

Tipp 2: Die optimale Raumtemperatur

Auch wenn sich dieser Tipp sehr simpel anhört, kannst du auf diese Weise unterbewusst dafür sorgen, dass du dich besser konzentrieren kannst. Eine Studie der Cornell Universität, die du im Literaturverzeichnis findest, hat herausgefunden, dass du deine Konzentration bei einer Raumtemperatur von 21 bis 22 Grad Celsius maximieren kannst. Schaffe dir für wenig Geld einfach ein Thermometer an und sorge durch richtiges Lüften dafür, dass die Temperatur an deinem Arbeitsplatz optimal ist.

Tipp 3: Die richtigen Hintergrundgeräusche

Durch Musik, die du magst, fällt es dir, beziehungsweise deinem Gehirn leichter, dich auf eine Aufgabe zu konzentrieren. Allerdings geht es dabei den meisten Menschen so, dass sie Musik mit Gesang tendenziell ablenkt. Aus diesem Grund rate ich dir dazu, Songs ohne Gesang zu nutzen. Eine andere Möglichkeit ist zudem, dass du Naturgeräusche abspielst. Diese haben zugleich eine sehr beruhigende Wirkung, sodass du dich weniger von anderen Dingen ablenken lässt. Schaue dich dazu einfach mal auf YouTube oder Spotify um und erstelle deine perfekte Playlist zum Lernen.

Tipp 4: Viele kurze Pausen

Mit dieser Methode kannst du vor allem bei sehr monotonen Aufgaben oder eher langweiligen Lerninhalten große Erfolge erzielen. Du kennst mit Sicherheit selber das Problem, dass deine Aufmerksamkeit bei monotonen Aufgaben extrem schnell nachlässt. Dies liegt meist nicht daran, dass du zu wenig Motivation hast, sondern, dass das Gehirn eintönige Anreize nach kurzer Zeit als unwichtig einstuft und sie deswegen aus deiner Wahrnehmung ausblendest. Deshalb solltest du insbesondere bei diesen monotonen Aufgaben alle zehn bis fünfzehn Minuten eine kurze Pause einlegen. Auf diese Weise kannst du dein Gehirn austricksen und deine Aufmerksamkeit maximieren. Wichtig ist selbstverständlich, dass du diese Pause wirklich kurz gestaltest, da dir ansonsten insgesamt schnell die Zeit fehlt eine Aufgabe abzuarbeiten.

Tipp 5: Verbanne dein Handy aus dem Arbeitszimmer

Es wird wohl keine neue Erkenntnis für dich sein, dass dein Smartphone einer der Hauptauslöser dafür ist, dass du dich ablenken lässt. Allerdings denken viele, dass es reicht, dass Handy auf stumm zu schalten und mit dem Display nach unten auf den Tisch zu legen. Eine Studie der Chicago Universität, die ebenfalls im Literaturverzeichnis aufgeführt ist, bewies allerdings, dass wir uns bereits dadurch ablenken lassen, dass wir unterbewusst einfach an das Smartphone denken. Aus diesem Grund rate ich dir zum einen dazu, dass du das Handy in den Flugmodus schaltest, sodass du gar nicht mehr darüber nachdenken musst, ob du in deiner Lernzeit Nachrichten empfängst. Manche Handys verfügen in diesem Zusammenhang sogar über einen sogenannten Konzentrationsmodus, der dafür sorgt, dass du dich nicht mehr ablenken lassen kannst. Zudem solltest du es möglichst weit weg von deinem Arbeitsplatz in einem anderen Raum positionieren, sodass deine Gedanken sich nicht mehr um das Handy drehen. Wenn du beispielsweise in die Bibliothek gehst, um zu lernen, macht es Sinn, dass du dein Smartphone entweder zu Hause lässt oder in einen der Spinte einschließt.

Tipp 6: Gehe raus in die Natur

Ich habe ja bereits angeschnitten, dass du deine Lernpausen dazu nutzen solltest, um deine Konzentrationsfähigkeit wieder zu regenerieren. Im Zuge dessen, bietet es sich im Regelfall an, dass du aktiv etwas anderes machst, als einfach nur auf dem Sofa zu faulenzen oder eine Serie zu schauen. Allerdings konnte in einer Studie von Bergman aus dem Jahr 2008, die sich im Literaturverzeichnis befindet, bewiesen werden, dass es im Zuge dessen am effektivsten ist, raus in die Natur zu gehen. Diesbezüglich wurde ein Vergleich zwischen einer Gruppe an Probanden gemacht, die ihre Pause mit einem Gang durch die belebte Innenstadt verbrachte und einer zweiten Gruppe, die einen Spaziergang durch die Natur machte. Hierbei zeigte sich, dass wir unsere Aufmerksamkeit am besten wiederherstellen können, indem wir Zeit draußen in der Natur verbringen, da wir so am besten abschalten können.

Tipp 7: Schreibe ablenkende Gedanken auf

Egal ob wir wollen oder nicht, meistens ist es doch so, dass uns während wir eine Aufgabe bearbeiten, noch tausend andere Dinge in den Kopf kommen. Sei es, dass die Milch im Kühlschrank leer ist oder man sich mal wieder bei der eigenen Oma melden sollte. Solche banalen Gedanken rauben uns allerdings enorm viel Konzentration. Denn nach diesen Überlegungen, brauchen wir extrem viel Zeit bis wir wieder an dem Konzentrationspunkt angelangt sind, bei dem wir zuvor aufgehört haben. An dieser Stelle kannst du allerdings durch einen sehr einfachen Tipp erreichen, dass deine Aufmerksamkeit für die Aufgabe nicht verloren geht. Lege dir einen Zettel oder einen kleinen Notizblock bereit, auf dem du sämtliche Gedanken oder Erledigungen notieren kannst, um sie dir zu einem späteren Zeitpunkt anzuschauen. Auf diese Weise kannst du deine Lernzeit wesentlich effektiver nutzen.

Tipp 8: Verändere deine Lernposition

Die übliche Lern- oder Arbeitsposition ist wohl das Sitzen am Schreibtisch. Allerdings solltest du ausprobieren auch mal im Stehen zu Arbeiten. Das Stehen hat positive Auswirkungen auf deine Konzentrationsfähigkeit. Dies ist nicht zuletzt darauf zurückzuführen, dass diese Position den sogenannten Eustress in uns auslöst und uns so zu mehr Aufmerksamkeit für die entsprechende Aufgabe verhilft. Natürlich hat nicht jeder einen höhenverstellbaren Schreibtisch, der das einfache Arbeiten im Stehen erlaubt. Allerdings bietet es sich bei Aufgaben, bei denen du nur Lesen musst oder beispielsweise etwas auswendig lernen musst an, sich vom Schreibtisch wegzubewegen und im Stehen weiterzumachen.

Tipp 9: Lasse die Finger von Multitasking

Insbesondere in stressigen Zeiten neigen viele Menschen dazu, zu versuchen mehrere Aufgaben parallel zu erledigen. Sie erhoffen sich auf diese Weise besonders effektiv zu arbeiten und ihre Produktivität zu steigern. Die Realität sieht allerdings anders aus: Wissenschaftler haben herausgefunden, dass das Gehirn beim Multitasking wichtige von unwichtigen Informationen nicht mehr unterschieden kann. Daher beschäftigen wir uns unbewusst häufig zu lange mit den unwichtigen Dingen und schaffen weniger unserer Aufgaben. Aus diesem Grund ist es ratsam, dass du wirklich eine nach der anderen Aufgabe erledigst. Schreibe dir dazu am besten eine To-Do Liste, die nach Prioritäten geordnet ist. Anschließend arbeitest du die einzelnen Punkte von oben nach unten ab und konzentrierst dich dabei immer vollkommen auf die aktuelle Aufgabe. Auf diese Weise kannst du deine Zeit wesentlich effektiver nutzen.

Tipp 10: Verliere nicht den Spaß

Auch wenn die Lernphase oder stressige Zeiten auf der Arbeit nicht unbedingt dafür bekannt sind, besonders zum Lachen anzuregen, solltest du den Spaß und dein Lachen nicht verlieren. In einem Experiment wurde einer Gruppe ein lustiges Video gezeigt und einer zweiten Gruppe ein entspannendes Video. Anschließend wurden beide Gruppen dazu aufgefordert ein unlösbares Rätsel zu bearbeiten. Dabei zeigte sich, dass die Gruppe, die zuvor das lustige Video sah, viel länger und intensiver versuchte das Rätsel zu knacken. Deshalb ist Humor ein essentieller Faktor für dein Durchhaltevermögen sowie deine Konzentrationsfähigkeit. Ich weiß, dass dieser Tipp definitiv einfacher klingt, als er tatsächlich in der Umsetzung ist. Auch wenn dir in der Prüfungsphase nicht nach Lachen zu Mute ist, triff dich dennoch mit Freunden und verbringe eine gute Zeit mit ihnen und lacht gemeinsam. Auf diese Weise baust du unterbewusst deine Kraftreserven wieder auf und bist bereit für die nächste Lernphase.

Vermeide die folgenden Punkte, die dir deine Aufmerksamkeit rauben

Auch wenn die zuvor vorgestellten Methoden dir dabei helfen können, deine Konzentration zu steigern, gibt es einige Aspekte auf die du grundlegend achten solltest, da sie die Feinde deiner Aufmerksamkeit darstellen.

In aller erster Linie solltest du versuchen, jegliche Unklarheiten aus dem Weg zu schaffen. Der Grund liegt einfach darin, dass du besonders anfällig für Ablenkungen bist, wenn du an einem Punkt angelangst, bei dem du nicht genau weißt wie es weiter geht. Deshalb ist auch eine konkrete Planung deiner Arbeit oder deines Lernplans so wichtig, um konzentriert arbeiten zu können. Nur wenn du weißt, wie die nächsten Schritte aussehen, schaffst du es auch möglichst schnell dein Ziel zu erreichen.

Auch wenn ich dir bereits dazu geraten habe, dein Smartphone von deinem Arbeitsplatz verbannen, solltest du generell auf deinen Medienkonsum achten. Überall im Internet und im Fernsehen werden wir mit Werbung konfrontiert, die uns auch im Nachhinein noch die Konzentration raubt. Gut gemachte Werbeinhalte prägen sich schnell in unser Gedächtnis ein und lenken uns auch während des Lernens noch ab, da wir bewusst oder unterbewusst über die Inhalte nachdenken. Aus diesem Grund solltest du beispielsweise in deiner Prüfungsphase auf einen reduzierten Fernsehkonsum achten und möglichst wenig Zeit in den sozialen Medien verbringen.

Weiterhin ist es wichtig, dass du bestmöglich Stress reduzierst. Durch große Mengen an Stresshormonen wird es für dich immer schwieriger dich auf eine Aufgabe zu konzentrieren. Damit du Stress vermeiden kannst, ist die beste Lösung eine aktive Stressprävention. Sorge also dafür, dass Stress gar nicht erst entsteht. Ich weiß aus eigener Erfahrung, dass das auch durch ein gutes Zeitmanagement nicht immer zu erreichen ist. Aus diesem Grund sind ebenso stressreduzierende Aktivitäten von großer Bedeutung. An dieser Stelle kommen wir wieder zum Thema Sport und Bewegung in der Natur. Diese Maßnahmen sorgen dafür, dass du effektiv Stress abbauen kannst, um neue Kräfte zu sammeln.

Und zuletzt liegt der Schlüssel zum Erfolg in dir selbst beziehungsweise an deiner Arbeitsweise und deiner Einstellung. Vermeide, dass du dir einfach nur Wissen aneignest, ohne dieses in die Praxis umzusetzen. Reflektiere dich dazu an dieser Stelle am besten einmal selbst. Wie hast du dieses eBook bisher gelesen und was hast du daraus mitgenommen? Hast du dir vielleicht wichtige Stellen markiert oder dir während des Lesens vielleicht sogar Notizen gemacht. Du kannst dir unzählige Artikel durchlesen, die sich mit Tipps und Tricks zum besseren Lernen befassen – das alles bringt nichts, wenn du diese Methoden nicht auch auf dich selbst und dein Lernverhalten anwenden kannst. Erwarte nicht, dass sich durch das bloße Lesen dieser Tipps deine Lernerfolge verändern werden. Du musst aktiv an dir selbst arbeiten, um an deinem Verhalten etwas ändern zu können. Wenn du wirklich konzentriert und produktiv arbeiten willst, nehme die Einstellung an, aktiv daran arbeiten zu wollen.

Es gibt nur zwei sinnvolle Konzentrationsübungen

Wie bereits angekündigt, beschäftigen wir uns an dieser Stelle mit gezielten Konzentrationsübungen, die dir zu mehr Erfolg in deinem Lernprozess verhelfen. Dabei sei zuerst der Hinweis getroffen, dass die Übungen nur funktionieren können, wenn du diese regelmäßig durchführst. Von ein oder zwei Wiederholungen der Konzentrationsübungen darfst doch noch keine Erfolge erwarten. Auch wenn die Übungen an sich extrem einfach und unkompliziert sind, ist es dennoch ein langfristiger Prozess, an dem du arbeiten musst.

In diesem Zusammenhang ist mir immer wieder aufgefallen, dass vor allem im Internet hunderte von Konzentrationsübungen beworben werden. Vielleicht kennst du ja bereits aus deiner eigenen Schulzeit noch Übungen, die dabei helfen sollen deine Aufmerksamkeit zu fokussieren. So ist ein bekanntes Beispiel Buchstaben rückwärts zu zählen oder mit den Fingern bestimmte Bewegungsübungen zu machen. Allerdings gilt es die Wirkung vieler dieser Übungen stark anzuzweifeln. Hinzu kommt, dass wir als Erwachsene nicht die gleichen Konzentrationsübungen wie Kinder machen sollten. Unser Gehirn hat sich weiterentwickelt und reagiert nicht mehr in gleicher Weise auf die Reize, die in der Kindheit zu mehr Konzentration beitragen konnten.

Ich möchte dir heute genau zwei Übungen vorstellen, die meiner Meinung nach perfekt dazu geeignet sind, deine Konzentrationsfähigkeit zu trainieren. Aus eigener Erfahrung kann ich sagen, dass diese Übungen im Gegensatz zu den meisten anderen wirklich helfen. Und das Beste daran ist, dass diese Übungen nicht nur deine Konzentration steigern, sondern weitere positive Effekte mit sich bringen, mit denen wir uns im Folgenden beschäftigen.

Konzentration durch Lesen

Auch wenn es wahnsinnig einfach klingen mag, kannst du durch das Lesen guter Bücher deine Konzentrationsfähigkeit enorm steigern. Zudem eignest du dir auf diese Weise zusätzliches Wissen an, sodass an dieser Stelle ein doppelter Nutzen entsteht. Hierbei kommt es natürlich stark darauf an, welches Genre du bevorzugst und welche Bücher du schlussendlich liest. Zudem erreichst du auf diese Weise automatisch den Effekt, dass du weniger Zeit mit Medien wie TV oder Internet verbringst – einen Tipp, den wir ja bereits zuvor behandelt haben. Daraus resultiert außerdem, dass wenn du abends ein gutes Buch liest anstatt stundenlang vor dem Fernseher zu sitzen in der Regel auch deine Schlafqualität verbessern kannst.

Ich denke du hast bereits an dieser Stelle gemerkt, dass das Lesen von Büchern eine Reihe an Vorteilen mit sich bringt. Allerdings habe ich schon dutzende Male von meinen Mitmenschen gehört, dass Lesen einfach nichts für sie sei oder sie kein Büchertyp wären. An eine solche Aussage glaube ich erst einmal nicht. Natürlich gehört es zu einer Grundvoraussetzung, dass du langfristig Spaß am Lesen findest und dich nicht dazu zwingen musst, die Bücher aufzuschlagen. Allerdings liegt der Hauptgrund für die Abneigung gegen Bücher darin, dass die Menschen einfach bisher nur schlechte Bücher gelesen haben. Auch wenn wir online oder in der Buchhandlung meist von einer riesigen Auswahl an Büchern fast schon erschlagen werden, ist nur ein Bruchteil dieser Bücher auch wirklich gut. Daher ist es eigentlich kein allzu großes Wunder, dass das Lesen als Freizeitbeschäftigung so einen veralteten Ruf hat. Bleibt an dieser Stelle natürlich die Frage offen, wie du es schaffst bei der großen Auswahl ein richtig gutes Buch zu finden.

Grundsätzlich sind Buchempfehlung ein hilfreicher Anhaltspunkt. Allerdings macht es an dieser Stelle einen großen Unterschied von wem diese Empfehlung stammt. In diesem Zusammenhang, sind Bücher, die von besonders erfolgreichen Menschen empfohlen werden, meist sehr lesenswert. Dabei meine ich vorrangig erfolgreiche Politiker und Politikerinnen sowie hochrangige Unternehmer und Unternehmerinnen. Diese Menschen sind selbst kluge Köpfe und geben mit hoher Wahrscheinlichkeit sehr gute Buchempfehlungen ab – wahrscheinlich bessere als die vieler Online Redaktionen oder von Stars und Sternchen.

Zudem sind Bücher von Wissenschaftlern und Menschen, die jahrelang praktische Erfahrungen gesammelt haben, meist besser geschrieben als die Bücher von Journalisten. Du wirst an der Art des Schreibens schnell merken, wie viel interessanter es ist, wenn ein Mensch seine eigens durchlebten Erfahrungen, Erfolge und Verluste niederschreibt. In diesem Zusammenhang sind die Bücher von Nobelpreisträgern besonders interessant und empfehlenswert. Mir ist aktuell kein einziges Exemplar eines Nobelpreisträgers bekannt, welches ich nicht bedingungslos weiterempfehlen würde.

Insgesamt solltest du nicht immer unbedingt auf die aktuellen Bestseller Listen vertrauen. Halte stattdessen Ausschau nach Büchern, die sich über viele Jahre hinweg konstant oder immer wieder gut verkaufen. Solche Klassiker haben sich scheinbar am Markt bewährt, sodass du daraus in der Regel ableiten kannst, dass es sich um eine gute Lektüre handeln muss.

Natürlich kann ich dir letztlich nicht garantieren, dass du auf diese Weise immer einen Volltreffer in deiner Bücherwahl erzielst. Allerdings bieten diese Punkte eine gute Orientierungshilfe innerhalb der, du selber deine individuelle Entscheidung für oder gegen ein Buch treffen kannst. In jedem Fall empfehle ich dir damit zu beginnen, regelmäßig zu Lesen. Auch wenn es am Anfang nur zehn Minuten am Tag sind, wirst du schnell merken, dass sich deine Konzentrationsfähigkeit dadurch insgesamt steigert. Letztlich solltest du darauf achten, dass deine Leseumgebung möglichst ruhig und frei von störenden Einflüssen oder Geräuschen ist. Demnach bringt es für deine Konzentrationsfähigkeit nicht viel, wenn du in der Mittagspause in der Mensa oder Kantine liest, wenn neben dir am Tisch zehn andere Leute sitzen, die sich laut unterhalten. Suche dir stattdessen lieber einen ruhigen Ort, an dem du dich entspannt einem guten Buch widmen kannst.

Konzentration durch Meditation

Meditation assoziieren viele Menschen im ersten Moment mit irgendwelchen spirituellen Ritualen, die nicht ernst zu nehmen sind. Allerdings ist genau das Gegenteil der Fall: Durch gezielte Meditationsübungen kannst du nicht nur deine Konzentrationsfähigkeit steigern, sondern tust gleichzeitig auch dir und deiner Seele etwas Gutes. Durch die Mediation können wir nämlich ideal entspannen und vom Alltag und Problemen abschalten. Langfristig wirkt sich die Meditation somit positiv auf deine Gesundheit aus und kann letztlich zu einem langen und gesunden Leben führen.

Bevor wir uns genauer damit beschäftigen wie du richtig meditieren kannst und welche Formen der Meditation es gibt, sollten wir einen Blick auf die Prozesse in unserem Gehirn werfen. Dort verfügen wir über eine Art Steuerungseinheit, die dafür zuständig ist Handlungsimpulse zu unterdrücken und unsere Gefühle zu regulieren. Diese Steuerungszentrale befindet sich genau hinter unserer Stirn und wird präfrontaler Cortex genannt. Allerdings gibt es im Gehirn weitere Zentren, die mit dem Steuerungszentrum in einer Wechselwirkung stehen. Diese tragen dann eine Art „Kampf" darüber aus, welche Gefühle und Gedanken letztlich dominieren.

Durch die Meditation kannst du letztlich erreichen, dass du den präfrontalen Cortex stärkst. Dies führt dazu, dass sich die Steuerungszentrale gegenüber anderen Bereichen des Gehirns durchsetzen kann, und wir unsere Gefühle und Gedanken besser im Griff haben. Auch wenn es sich dabei um eine stark vereinfachte Erklärung handelt, wird an dieser Stelle denke ich sehr gut deutlich, warum Meditation so wahnsinnig effektiv sein kann.

Im Hinblick auf die Meditation an sich stehen dir unterschiedliche Methoden und Formen zur Verfügung. Dabei kann man vereinfacht sagen, dass das Ziel ist, in einen bestimmten Bewusstseinszustand zu gelangen und diesen dann möglichst lange zu halten. Durch Wiederholung dieser Übungen kannst du diese Zustände immer einfacher erreichen und es wird von Mal zu Mal entspannender für dich.

Falls du noch gar keine Erfahrungen im Bereich der Meditation gesammelt hast, musst du trotzdem kein professionelles Studio aufsuchen. Mittlerweile gibt es im Internet zahlreiche Anlaufstellen, durch die du professionell die Meditation erlernen kannst. Da es zu Beginn schwerfallen kann, in einen entsprechenden Entspannungszustand zu kommen, eignen sich für den Anfang die geführten Mediationen besonders gut. Dabei schaust du dir entweder ein Video an oder hörst nur die Stimme eines Trainers oder einer Trainerin, die dir „Anweisungen" gibt, dir hilft dich zu entspannen und dich voll und ganz auf die Meditation einzulassen. Im Zuge dessen kannst du dich ganz einfach auf YouTube nach passenden Videos umschauen. Außerdem wächst das Angebot an Meditationsapps immer weiter, sodass auch für dich mit Sicherheit das passende Angebot dabei ist.

Wie du die Kontrolle über deine Aufmerksamkeit gewinnst

Nachdem wir uns ausgiebig mit dem Thema Konzentration auseinandergesetzt haben und uns Methoden und Tipps angeschaut haben, mit denen du deine Konzentrationsfähigkeit verbessern kannst, müssen wir natürlich auch noch einen Blick auf das Thema Aufmerksamkeit werfen. Denn nur das Zusammenspiel aus Konzentration und Aufmerksamkeit sorgt dafür, dass du langfristig größere Erfolge im Lernen erzielen kannst.

Dazu schauen wir uns im ersten Schritt einmal an, was Aufmerksamkeit überhaupt ist. Damit ist die Fähigkeit des Gehirns gemeint, sich auf bestimmte Reize oder Gedankengänge zu konzentrieren und währenddessen andere Impulse auszublenden. Diese Fähigkeit unseres Gehirns ist nicht nur für das Lernen von essentieller Bedeutung, sondern schützt uns auch im Alltag vor einer Reizüberflutung. Interessant ist in diesem Zusammenhang allerdings, dass eine Studie von Microsoft, die sich ebenso im Literaturverzeichnis befindet, scheinbar Belege dafür finden, dass die Aufmerksamkeitsspanne der Menschen seit Jahren kontinuierlich abnimmt. Ob diese Aussage wirklich der Wahrheit entspricht wird von vielen Seiten kontrovers diskutiert. In jedem Fall ist aber für deine schulische und berufliche Entwicklung extrem wichtig, dass du lernst deine Aufmerksamkeit gezielt zu kontrollieren.

Die Arten der Aufmerksamkeit

Damit es dir gelingen kann deine Aufmerksamkeit zu kontrollieren, ist es wichtig, dass du die verschiedenen Arten der Aufmerksamkeit inklusive ihrer Stärken und Schwächen kennst. Erst dann macht es Sinn, dass wir uns den Methoden widmen, mit denen du diese Arten beeinflussen kannst.

Die unwillkürliche Aufmerksamkeit

Wie der Name bereits andeutet, kannst du diese Art der Aufmerksamkeit nicht bewusst kontrollieren. Diese wird von zwingenden Reizen aus deiner Umgebung ausgelöst. Dabei kann es sich um ein lautes Geräusch oder einen extremen Duft handeln, den du mit etwas Bestimmtem assoziierst. Zu dieser Form der Reize gehört es beispielsweise auch, wenn du eine Benachrichtigung auf deinem Smartphone erhältst oder plötzlich eine dir bekannte Person das Restaurant betritt indem du sitzt.

All diese Faktoren sorgen dafür, dass deine unwillkürliche Aufmerksamkeit automatisch auf diese Reize gelenkt wird. Dies ist vor allem durch unsere evolutionäre Entwicklung zu begründen. In der Steinzeit waren Reize, die uns auf bestimmte Gefahren hinwiesen, von großer Bedeutung und sicherten uns das Überleben. Auch wenn uns diese Reize wie beispielsweise das Auto, welches stark vor uns bremst automatisch dazu anleiten, ebenfalls Gefahren aus dem Weg zu gehen, wird die unwillkürliche Aufmerksamkeit vor allem durch die sozialen Medien immer weiter ausgenutzt. Das Internet versucht uns durch Werbung und Inhalte permanent zu beeinflussen und unsere unwillkürliche Aufmerksamkeit zu gewinnen.

Die willkürliche Aufmerksamkeit

Im Gegensatz zur unwillkürlichen Aufmerksamkeit kannst du die willkürliche Aufmerksamkeit aktiv beeinflussen und kontrollieren. Bei dieser Variante wählen wir bewusst Reize aus, auf die wir uns einlassen wollen. Im Grundsatz können wir unsere willkürliche Aufmerksamkeit auf die Impulse lenken, die unserer unwillkürlichen Aufmerksamkeit jederzeit zur Verfügung stehen. Beispielsweise stehen dir hunderte an Filmen auf Netflix zur Verfügung, aber du entscheidest dich für einen ganz bestimmten Film, den du in diesem Moment schauen willst.

Die Herausforderung besteht allerdings darin, dass unsere willkürliche Aufmerksamkeit begrenzt ist und wir uns demnach täglich nur auf eine bestimmte Anzahl an Aufgaben, Dingen oder Gedanken konzentrieren können. Allerdings kannst du genau diese Kapazitäten durch gezieltes Training erweitern. Mit welchen Methoden du an dieser Stelle Erfolge erzielen kannst, erkläre ich dir im nächsten Schritt.

Das Gedankenwandern

Diese Art der Aufmerksamkeit wird häufig auch als Mind-Wandering bezeichnet. Im Alltag kennen wir das Gedankenwandern aber vielmehr als das sogenannte Tagträumen. Wenn keine zwingen Reize vorliegen und du deine willkürliche Aufmerksamkeit nicht bewusst auf eine Aufgabe lenkst, schaltet dein Gehirn automatisch in das Gedankenwandern um. Im Alltag nimmt dieser Modus somit einen Großteil der Zeit ein. Der Grund dafür besteht darin, dass wir auch Tagträumen, wenn wir Aktivitäten nachgehen, die unser Gehirn nicht sonderlich fordern. Beispielsweise wenn wir unter der Dusche stehen, den Müll rausbringen oder einen ausgiebigen Spaziergang machen.

Charakteristisch für das Gedankenwandern ist, dass wir uns in diesem Zustand schnell dazu hinleiten lassen, über negative Emotionen und Probleme nachzudenken. Darin besteht auch einer der Ursachen dafür, dass viele Menschen denken, dass Mind-Wandering grundsätzlich verlorene Zeit darstellt und die Produktivität hemmt. Dies ist aber grundsätzlich nicht ganz richtig. Um eine genauere Bewertung des Tagträumens vorzunehmen, sollten wir einen Blick auf die Chancen und Schwächen des Gedankenwanderns werfen.

Auch wenn das Mind-Wandering sich häufig mit Problem beschäftigt, greifen wir auf diese Weise auf ungenutzt Ressourcen zurück, mit denen wir die Probleme lösen können. Unabhängig davon, dass sich ein negativ behafteter Tagtraum in diesem Moment belastend anfühlt, finden wir zumeist gute Lösungen, die insgesamt einen positiven Einfluss auf unsere Lebenslage haben. Außerdem gibt es auch positives Gedankenwandern, bei dem wir uns beispielsweise mit der Planung unserer Zukunft beschäftigen. Dabei bestimmt deine Persönlichkeit und deine Lebenseinstellung grundlegend, ob du eher positive oder negative Gedanken beim Mind-Wandering hast.

Zudem birgt das Gedankenwandern ein besonders hohes Potenzial für kreative Ideen. Wenn du verzweifelt auf der Suche nach einer kreativen Problemlösung bist, macht es häufig mehr Sinn, dass du dich zum Tagträumen hinreißen lässt, als wenn du dir bewusst den Kopf über das Problem zerbrichst. Vielleicht kennst du dieses Phänomen selber: Viele Menschen geben an, dass sie morgens unter der Dusche die besten Einfälle haben. Das liegt ganz einfach daran, dass wir uns in diesem Moment meist nicht auf ein bestimmtes Problem konzentrieren, sondern unseren Gedanken freien Lauf lassen.

Letztlich kannst du durch das Mind-Wandering auch Kräfte sparen. In der Zeit, in der du deine Gedanken wandern lässt, schonst du die Ressourcen der willkürlichen und unwillkürlichen Aufmerksamkeit. Als Resultat kannst deine Konzentrationsfähigkeit insgesamt steigern.

Ich denke du siehst an dieser Stelle bereits, dass der negative Ruf des Tagträumens nicht unbedingt gerechtfertigt ist. Allerdings besteht dennoch die Gefahr, dass wir für die negativen Gedanken und Probleme während des Gedankenwanderns keine Lösungen entwickeln. An dieser Stelle kann es dann vorkommen, dass wir uns immer weiter in die Probleme hineinsteigern und depressive Verstimmungen entwickeln. Daraus leitet sich ab, dass es nicht sinnvoll ist, generell gegen das Gedankenwandern zu arbeiten. Es bietet sich viel mehr an, Methoden zu nutzen, die den

Überschuss an negativen Gedanken während des Mind-Wanderings reduzieren.

Kontrolle über deine Aufmerksamkeit erlangen

Nachdem wir uns nun ausgiebig mit den verschiedenen Arten der Aufmerksamkeit beschäftigt haben, kommen wir nun zu der Frage wie es dir gelingt, die Kontrolle über deine Aufmerksamkeit zu erlangen.

Im Zuge dessen ist es in erster Linie extrem wichtig, dass du dir über deine Ziele bewusstwirst. Welche Ergebnisse willst du an deinem heutigen Lerntag erzielen? Mit welcher Note möchtest du deine Prüfung abschließen? Und wo willst du damit langfristig beruflich landen? Erstelle eine Art Zielkaskade mit kurz- und langfristigen Zielen, die möglichst konkret formuliert sein sollten. Auf diese Weise wird es dir leichter fallen, den Fokus zu behalten und deine Aufmerksamkeit voll und ganz auf die anstehenden Aufgaben zu konzentrieren.

Versuche einmal den Status Quo deines Aufmerksamkeitsverhalten zu analysieren. Versuche herauszufinden wofür du deine Konzentration einsetzt. Worüber denkst du am Tag in welcher Intensität nach? Dazu zählen selbstverständlich auch die Zeiten am Smartphone auf YouTube oder Instagram, bei denen du deine Aufmerksamkeit den Werbeinhalten widmest. Wenn du dir erst einmal darüber bewusst geworden bist, für wie viel, teils sehr unnötige Dinge, du deine Aufmerksamkeit einsetzt, fällt es dir leichter deine Konzentration auf die wirklich wichtigen Aufgaben zu lenken.

Auch wenn wir uns später in diesem Buch noch einmal genauer mit dem Thema Zeitmanagement auseinandersetzen, möchte ich auf die Planung deiner Aufgaben bereits an dieser Stelle kurz eingehen. Du solltest deine Tage und Wochen nämlich nicht einfach nur danach planen, wann du

Zeit hast dich an den Schreibtisch zum Lernen zu setzen. Achte vielmehr darauf, welche Aufgaben du zusammen an einen Tag legen kannst. Indem du deine Tage planst, planst du nämlich auch deine Aufmerksamkeitsressourcen. Überlege dir wie viel Konzentration und Fokus die einzelnen Aufgaben von dir abverlangen und bringe sie dann in eine geschickte Reihenfolge.

Insgesamt ist eine Planung immer besser anstatt dich einfach nur auf dein Gedächtnis zu verlassen. Egal wie konzentriert du durch den Alltag gehst, es ist immer einfacher, wenn du dir für wichtige Dinge Erinnerungen einstellst. An dieser Stelle eignen sich kleine Notizzettel oder Erinnerungen auf deinem Handy. Allerdings solltest du dabei nicht einzig Erinnerungen für deine Aufgaben erstellen. Nutze beispielsweise auch Bilder oder Post-Its, die dich an deine Ziele erinnern. Positioniere diese gut sichtbar an deinem Arbeitsplatz, sodass du dich unterbewusst stetig daran erinnerst, worauf du deine Aufmerksamkeit richten solltest.

Bewusster Einsatz deiner willkürlichen und unwillkürlichen Aufmerksamkeit

Neben den vorherigen Tipps, die dir allgemein dabei helfen, die Kontrolle über deine Aufmerksamkeit zu erlangen, sollten wir uns damit beschäftigen, wie du deine willkürliche und unwillkürliche Aufmerksamkeit gezielt einsetzen kannst. Im Zuge dessen solltest du dir aber immer wieder darüber bewusstwerden, dass die unwillkürliche Aufmerksamkeit ganz automatisch durch Reize aus deiner Umgebung einsetzt, sodass du hier keine vollständige Kontrolle erzielen kannst.

Im Zuge dessen ist es hilfreich, wenn du den Rhythmus deiner Aufmerksamkeit kennst. Damit meine ich ganz einfach, dass du die Zeiten identifiziert, in denen du dich am besten konzentrieren kannst. Fällt es dir morgens oder abends leichter, dich voll und ganz auf eine Aufgabe zu konzentrieren? Genau diese Zeiten, in denen du besonders aufmerksam und aufnahmefähig bist, solltest du für deine Tageplanung nutzen.

An dieser Stelle möchte ich dich auch noch einmal auf die Relevanz von Pausen hinweisen. Wenn du deine willkürliche Aufmerksamkeit intensiv über längere Zeit genutzt hast, solltest du dieser anschließend eine Pause gönnen. Du kannst diese Form der Aufmerksamkeit mit einem Muskel vergleichen, der nach intensiver Nutzung ebenfalls eine Ruhephase braucht. An dieser Stelle habe ich ja bereits erwähnt, dass eine aktive Pausenbeschäftigung wie ein Spaziergang in der Natur besonders effektiv ist.

Allerdings möchte ich dich an dieser Stelle auch noch auf die Möglichkeit eines kurzen Nickerchens hinweisen. So simpel es klingen mag, kann eine kurze Schlafpause einen großen Beitrag dazu leisten, dass sich unsere willkürliche Aufmerksamkeit wieder erholen kann. Hierbei solltest du allerdings darauf achten, dass das Nickerchen nicht länger als 30 Minuten dauert, ansonsten ist die Wahrscheinlichkeit groß, dass du in eine Tiefschlafphase gerätst. Zudem gibt es auch Antworten aus der Forschung nach dem idealen Zeitpunkt für ein kurzes Nickerchen. Diese liegt sieben Stunden nach dem Aufstehen. Zu diesem Zeitpunkt kann unser Gehirn am besten eine Erholungspause gebrauchen.

Setze Mind-Wandering gezielt ein

Nachdem wir bereits geklärt haben, dass das Gedankenwandern eindeutig mehr Stärken als Schwächen aufweist, möchte ich dir im Folgenden noch kurz ein paar Tipps mit an die Hand geben, wie du das Mind-Wandering gezielt einsetzen kannst.

Versuche einmal dir ganz bewusst Zeitfenster für das Tagträumen zu setzen. Genauso wie du deine Lernaufgaben planst, solltest du auch Phasen für das Mind-Wandering einplanen. Dabei musst du selbstverständlich nicht still auf dem Stuhl sitzen und verkrampft versuchen deinen Gedanken freien Lauf zu lassen. Du kannst stattdessen ganz einfach Aufgaben im Haushalt erledigen oder dir Zeit für einen Spaziergang nehmen. Dabei ist es sinnvoll, dass du diese Phasen für das bewusste Gedankenwandern dann einplanst, wenn deine willkürliche Aufmerksamkeit ohnehin nachlässt. Bei einem Großteil der Mensch ist die ideale Zeit dafür das sogenannte Mittagstief.

Zudem macht es Sinn, dass du immer einen Notizblock oder ein kleines Heft zur Hand hast. Denn, wenn es richtig gut läuft, kommen dir während des Mind-Wanderings die besten Ideen und dann wäre es zu schade, wenn du diese im Anschluss einfach wieder vergisst. Aus diesem Grund rate ich dir dazu, diese einfach kurz zu notieren. Wenn du unterwegs bist, kannst du deine Gedanken und Ideen natürlich auch ganz einfach in dein Smartphone eintragen.

Weiterhin solltest du dir im Vorfeld überlegen, welche Art des Gedankenwanderns du nutzen möchtest. Im Zuge dessen wird zwischen positivem Mind-Wandering und dem problemorientierten Mind-Wandering unterschieden. Du kannst nämlich unterbewusst beeinflussen in welche Richtung deine Tagträume gehen. Wenn du dir beispielsweise kurz vor der geplanten Zeit für das Gedankenwandern deine ungelösten Probleme notierst, ist die Wahrscheinlichkeit groß, dass du dich auch während des Mind-Wanderings mit diesen Gedanken beschäftigst. Auf der anderen Seite kannst du dich auch im Vorfeld mit positiven Erinnerungen befassen, indem du dir beispielsweise alte Fotos anschaust oder über deine nächste Reise nachdenkst.

Informationen richtig recherchieren und erfassen

Nachdem wir uns ausgiebig mit den Grundlagen des Lernprozesses und den Themen Konzentration und Aufmerksamkeit auseinandergesetzt haben, ist es jetzt Zeit einen Blick auf die Methoden zu werfen, die du während des Lernens anwenden kannst, um schneller und besser Erfolge zu erzielen.

Schnelles Lesen

Häufig ist es, insbesondere im Studium so, dass du vor mehreren hundert Seiten Skript deines Professors sitzt und zusätzlich noch ein oder zwei umfangreiche Bücher hast, die du durcharbeiten musst. Dabei ist es in erster Linie selbstverständlich essentiell, dass du strukturierst vorgehst. Es bringt langfristig meist wenig, wenn du einfach so „drauf los lernst", stattdessen solltest du dich im ersten Schritt intensiv mit den Themen auseinandersetzt, bevor du die Inhalte versuchst in dein Langzeitgedächtnis zu transferieren. Daraus resultiert demnach, dass du zu Beginn erst einmal sämtliche Texte durcharbeiten musst. Aus eigener Erfahrung weiß ich, dass sich das reine Lesen von Texten als absoluter Zeitfresser herausstellt. Es dauert häufig Ewigkeiten, bis wir die Inhalte durchgesehen haben und nichtsdestotrotz bleibt, auch bei aufmerksamen Lesen, am Ende nur wenig hängen. Aus diesem Grund beschäftigen wir uns an dieser Stelle zunächst mit zwei Methoden, die dir dabei helfen, effektiver und schneller Lesen zu können.

Die SQ3R Methode

Diese Methode wurde von Francis P. Robinson entwickelt und ist eine bekannte Strategie zum Textverstehen. Dabei ist das Ziel der SQ3R Methode effektiv und schnell Texte zu lesen, und dabei möglichst viele der wichtigen Infos direkt abzuspeichern. Die einzelnen Zahlen und Buchstaben des Namens SQ3R stehen für die Reihenfolge, in der du einen wissenschaftlichen Text oder ein Buch zur Kenntnis nehmen solltest. Das S steht dabei für den Punkt Survey, welches im Deutschen so viel wie Umfrage oder Erhebung bedeutet. Im nächsten Schritt wird es zu deiner Aufgabe Fragen zu stellen, sodass das Q für den englischen Begriff Question steht. Daran anschließend hältst du dich bei der Anwendung dieser Methode an die drei R's, die für Read, Recite und Review stehen. Dies bedeutet übersetzt Lesen, Rezitieren und Überprüfen.

Wie genau du die Technik anwenden kannst, erkläre ich dir im nächsten Schritt. Zuvor ist an dieser Stelle allerdings festzuhalten, dass dir die SQ3R Methode zwar auch dabei hilft, Texte schneller zu lesen, allerdings besteht die primäre Zielsetzung darin, dass es dir besser gelingt die Inhalte zu verstehen und dir merken zu können. Befassen wir uns nun also mit den einzelnen Schritten dieser Technik.

Survey

Zunächst solltest du dir einen Überblick verschaffen. Schaue dir das Buch in Ruhe an und achte auf die Überschriften, den Aufbau, sowie einzelne Stichwörter, die besonders herausstechen und relevant für dein Lernthema erscheinen. Allein durch diese Randinformationen gelingt es dir, dir einen groben Überblick zu verschaffen und du kannst den Inhalt des Buches oder des Textes besser in den Gesamtzusammenhang einordnen.

Question

Im zweiten Schritt beginnt die richtige Arbeit für dich. Du solltest dir selber Fragen zum Buch überlegen. Je nach Umfang des Textes richtet sich auch die Anzahl der Fragen, die du dir überlegen solltest. Handelt es sich beispielsweise lediglich um einen wissenschaftlichen Text, macht es Sinn, dass du dir Fragen zu jedem Abschnitt notierst. Stehst du hingegen vor der Aufgabe ein komplettes Buch durchzuarbeiten, reicht es aus, wenn du dir Fragen zu jedem Kapitel notierst. Auf diese Weise machst du dir schon einmal selber ein Bild davon, welche Inhalte auf dich zukommen könnten und setzt dich aktiv mit potenziellen Problemstellungen auseinander. Zudem erweckst du so Neugier auf die Inhalte, da deine Motivation gesteigert wird, Antworten auf deine selbst gestellten Fragen zu finden.

Read

An dieser Stelle kommen wir zum Kernstück der SQ3R Methode, dem eigentlichen Lesen. Lese den Text gewissenhaft Abschnitt für Abschnitt durch. Wichtig ist dabei, dass du nicht weiterliest, bevor du den vorherigen Abschnitt nicht richtig verstanden hast. Versuche bei Verständnisproblemen gegebenenfalls im Internet nach Lösungen zu suchen oder frage zum Beispiel deinen Dozenten, Kommilitonen oder Arbeitskollegen. Demnach ist das Verständnis der Lerninhalte eine essentielle Voraussetzung dafür, dass du diese langfristig abspeichern kannst. In diesem Zusammenhang ist es sinnvoll, dass du wichtige Schlüsselwörter im Text markierst. Allerdings solltest du es an dieser Stelle nicht übertreiben. Es bringt, insbesondere bei einem umfangreichen Buch nichts, wenn du dir komplette Abschnitte oder ganze Seiten farbig markierst. Achte also gewissenhaft darauf, wirklich nur die wichtigsten Informationen farblich zu unterlegen.

Recite

Diesen Schritt solltest du nach jedem Abschnitt, beziehungsweise nach jedem Kapitel wiederholen. Dabei geht es darum, dass du die gelesenen Inhalte noch einmal rekapitulierst. Denke darüber nach, worum es in dem zuvor Gelesenen überhaupt ging? Was waren wichtige Schlüsselwörter und was hast du gelernt? Hast du schon Zusammenhänge feststellen können oder weißt, was von dem Gelesenen du in deiner nächsten Prüfung anwenden kannst? Außerdem empfiehlt es sich an dieser Stelle nach mehreren Abschnitten oder umfangreichen Kapiteln das Gelesene in eigenen Worten zusammenzufassen. Hierbei kommt es allerdings stark darauf an, was für ein Lerntyp du bist. Einigen Menschen helfen bereits handschriftliche Zusammenfassungen, allerdings ist es mindestens genauso sinnvoll farbige Mindmaps anzufertigen. Diese bieten einen besseren Überblick, sodass du dir im Anschluss an das Lesen die Informationen schnell wieder aneignen kannst.

Review

Dieser Schritt geht noch einmal ein Stück weiter als Recite. Hierbei solltest du versuchen, den Abschnitt oder das Kapitel, welches du zuvor gelesen hast, in den Gesamtrahmen einzuordnen. Außerdem macht es an dieser Stelle Sinn, dass du dir einen Praxisbezug überlegst. Welche Anwendungsgründe bestehen für das Gelesene? Wie wirst du dieses Wissen beispielsweise später im Berufsleben einmal einsetzen? Auf diese Weise gehst du sicher, dass du das Gelesene wirklich verstanden hast und erhöhst die Wahrscheinlichkeit, dass die Informationen möglichst schnell in deinem Gedächtnis gespeichert werden.

Die PQ4R Methode

Eine weitere Methode, die eng verwandt mit der SQ3R Methode ist, ist die PQ4R Technik. Diese teilt den Leseprozess sogar in sechs unterschiedliche Stufen auf. Sodass an dieser Stelle die erste Phase als Preview bezeichnet wird, diese ähnelt allerdings inhaltlich der Survey Phase. Anschließend stehen ebenfalls die Stufen Question und Read an. Bevor du bei dieser Methode in die Recite und Review Phase einsteigst, wartet allerdings noch die Aufgabe Reflect, also das Reflektieren auf dich.

Auch hierbei geht es nicht primär nur darum, dass du deine Lesegeschwindigkeit erhöhst. Viel mehr wirst du auch durch die PQ4R Methode dahingehend geschult, dass du Texte gezielter und bewusster liest, mit dem Ergebnis die Inhalte besser zu verstehen und dir merken zu können. Deshalb solltest du dich an dieser Stelle nicht direkt von den vielen unterschiedlichen Phasen, beziehungsweise Aufgaben, abschrecken lassen. Wenn du die Technik einige Male angewendet hast, wirst du dieses Prinzip so verinnerlichen, dass du die Methode nicht mehr als Mehraufwand, sondern einzig als effektive Hilfestellung, wahrnimmst.

Schauen wir uns auch hierzu einmal im Detail an, welche Aufgaben dich innerhalb der einzelnen Phasen der PQ4R Methode erwarten.

Preview

Auch hierbei handelt es sich sozusagen um eine Vorprüfung des Textes. Schaue dir das Inhaltsverzeichnis des Buches an und versuche dir im Zuge dessen einen ersten Blick darüber zu machen, welche Inhalte dich beim Lesen erwarten werden. An dieser Stelle empfiehlt es sich auch den sogenannten Klappentext, also den Text auf der Buchrückseite, zu lesen. Im Hinblick auf wissenschaftliche Artikel bin ich mir darüber bewusst, dass die meisten kein Inhaltsverzeichnis haben. Allerdings ist die Vielzahl dieser Arbeiten mit einer kurzen Zusammenfassung, dem Abstract, ausgestattet. Diese Zusammenfassung bietet für dich im Rahmen der Preview die ideale Möglichkeit dir einen ersten Überblick zu verschaffen.

Question

In dieser Phase geht es wieder darum, dass du dir selber Fragen zu den einzelnen Abschnitten oder Kapiteln überlegst. Versuche dabei so konkret wie möglich vorzugehen. Nur wenn du dir Fragen überlegst, die wirklich bis ins Detail gehen, erreichst du, dass du dich bereits im Vorfeld an das Lesen schon intensiv mit den Inhalten auseinandersetzt. Formulierst du die Fragen hingegen zu offen oder allgemeingültig kannst du dir diesen Schritt theoretisch auch sparen, da du auf diese Weise keine Erfolge für deinen Lernprozess erzielen kannst.

Read

Genau wie bei der SQ3R Methode schließt bei der PQ4R Methode an das Fragestellen das eigentliche Lesen an. Arbeite aufmerksam den Abschnitt oder ganze Kapitel durch. Versuche bereits während des Lesens deine zuvor aufgestellten Fragen zu beantworten. Hast du dieses Ziel im Hinterkopf wirst du den Text automatisch viel bewusster und zielorientierter lesen. Auf diese Weise erreichst du, dass du nicht stundenlang Zeit damit verschwendest lange Texte zu lesen, deren Inhalte du im Anschluss direkt wieder vergessen hast.

Reflect

Diese Phase ist das Besondere bei der PQ4R Methode. In diesem Zusammenhang kannst du Reflect auch einfach durch das Wort Nachdenken übersetzen. An dieser Stelle wird es nämlich zu deiner Aufgabe gezielt über die zuvor gelesenen Inhalte nachzudenken. Versuche den Inhalt des Textes zu überprüfen, indem du entweder Beispiele für die Argumente des Autors findest oder dir sogar Gegenbeispiele für den Inhalt einfallen.

Insbesondere bei den Texten, mit denen du dich im Studium auseinandersetzen musst, solltest du die Inhalte stets kritisch hinterfragen. Häufig handelt es sich hierbei um so komplexe und kontrovers diskutierte Themen, dass es nicht nur eine Meinung oder die eine wahre These gibt. Aus diesem Grund macht es Sinn, dass du selber die gelesenen Inhalte überprüfst und dir deine eigene Meinung bildest. An dieser Stelle könntest du zudem versuchen eine Art Übersicht zu einem bestimmten Thema mit den Meinungen unterschiedlicher Autoren anzufertigen. Wenn es einen Fachbereich gibt, bei dem du merkst, dass die unterschiedlichen Texte die du liest auch unterschiedliche Meinungen vertreten und dir ständig neue Beispiele oder Gegenargumente einfallen, ist es sinnvoll, dass du dir während des Lesens eine Übersicht anfertigst, die die Vielschichtigkeit des Themas widerspiegelt.

Recite

Im Anschluss an die Aufgabe des kritischen Reflektierens des Textes steht auch hier wieder die Phase Recite, beziehungsweise das Wiedergeben, an. Bei der PQ4R Methode geht es hierbei allerdings darum, dass du gezielt deine zuvor aufgestellten Fragen beantwortest. Dabei ist es wichtig, dass du versuchst diese aus deinem Gedächtnis heraus beantworten zu können und nicht noch einmal im Buch nachschlägst. Außerdem ist es an dieser Stelle für deinen Lernerfolg sinnvoll, dass du die Fragen schriftlich beantwortest. Wenn du die entsprechende Antwort einfach nur im Kopf durchgehst, fällt diese meist weniger detailliert aus. Somit merkst du durch das Aufschreiben der Antworten umgehend, wie gut du das Gelesene verstanden und behalten hast und an welcher Stelle gegebenenfalls noch Lücken bestehen.

Review

Auch bei der PQ4R Methode wird die letzte Phase als Review, also Rückblick, bezeichnet. Nachdem du zuvor bereits sämtliche Antworten auf deine selbst gestellten Fragen notiert hast, solltest du diese gedanklich nun noch einmal durchgehen. Auf diese Weise erreichst du, dass sich das Wissen auch langfristig festigen kann. Zudem solltest du insgesamt noch einmal die wichtigsten Punkte des Textes durchgehen und dir eine kurze Zusammenfassung des Buches oder des Artikels schreiben. Dieser Schritt erleichtert dir beispielsweise die Prüfungsphase, indem du ganz gezielt nach Informationen suchen kannst, da du an Hand der Zusammenfassungen weißt, in welchen Büchern welche Inhalte zu finden sind.

Tipps zum schnelleren Lesen

Nachdem die beiden vorherigen Techniken insbesondere dazu beitragen, dass du die Texte effizienter liest und somit die Inhalte auch schnell behalten kannst, habe ich im Folgenden noch einige Tipps, mit denen du im Allgemeinen deine Lesegeschwindigkeit steigern kannst.

Passe deine Lesegeschwindigkeit an

Einer der größten Punkte für Frust während des Lesens ist es, dass es ganz einfach Ewigkeiten dauert, bis du einen Text durchgearbeitet hast. Es ist sehr mühsam und frustrierend, wenn du stundenlang vor ein und dem gleichen Text sitzt und dabei noch nicht mal etwas vom Inhalt verstehst.

Aus diesem Grund rate ich dir dazu, eine Vielzahl der Inhalte einfach nur zu überfliegen. Auch wenn sich diese Methode im ersten Moment nicht sonderlich effektiv anhören mag, kannst du auf diese Weise deine Zeit effizienter nutzen. Insbesondere bei besonders einfachen Texten wie Zeitungsmeldungen oder unwichtigen Inhalten macht es Sinn den Stoff nur zu überfliegen. Allerdings eignet sich diese Methode auch für anspruchsvollere Texte. Diese solltest du im ersten Schritt auch nur überfliege, um dir einen Überblick zu verschaffen und erst anschließend tiefer in die Materie einsteigen.

Setze dir Zeitlimits

Hierbei handelt es sich um einen wahnsinnig einfachen Tipp, der sich in der Praxis allerdings als besonders effizient herausgestellt hat. Vielleicht hast du von diesem Phänomen schon mal unter der Bezeichnung Gesetz der erzwungenen Effizienz gehört. Damit ist ganz einfach gemeint, dass wenn du dir ein anspruchsvolles Zeitlimit setzt, dich tatsächlich erfolgreich dazu zwingst schneller zu lesen. Selbstverständlich solltest du auch hier realistische Zielzeiten wählen, da du ansonsten nur Frustration erreichst. Aber ich denke, dass du aus eigener Erfahrung weißt, welches realistische aber dennoch anspruchsvolle Ziele sind. Versuche doch beispielsweise 25 Seiten eines Fachbuches in einer Stunde zu lesen. Dieses Ziel erreichst du selbstverständlich nur, wenn du dich nicht ablenken lässt und unwichtige Passagen des Textes bewusst ausblendest.

Erweitere deinen Wortschatz

Insbesondere in anspruchsvoller Fachlektüre begegnen dir eine Reihe an Fremdwörtern. Dabei ist es vollkommen normal, dass du viele dieser Fachvokabeln zu Beginn noch nicht kennst. Allerdings machen an dieser Stelle viele den Fehler und suchen direkt nach dem Wort im Internet, um zu verstehen was damit gemeint ist. Vom Prinzip her ist dieser Gedankengang auch nicht falsch. Das Problem an der Sache ist, dass dir diese Vorgehensweise enorm viel Zeit raubt. Aus diesem Grund rate ich dir dazu, immer einen Zettel und einen Stift parat zu haben. So kannst du dir während des Lesens einfach alle unklaren Wörter notieren und diese im Anschluss nachschlagen. Insgesamt führt diese Methode dazu, dass du nach und nach deinen Wortschatz erweiterst und dir zukünftig das Lesen von anspruchsvollen Texten immer einfacher fallen wird.

Springe nicht im Text zurück

Die meisten von uns neigen dazu, direkt im Text zurückzuspringen, wenn wir etwas nicht zu 100 Prozent verstanden haben. Mit dieser Technik wird es dir aber garantiert nicht gelingen, deine Lesegeschwindigkeit zu steigern. Vergleiche dein Buch mit einem spannenden Film, hier spulst du ja auch nicht einfach zurück, nur weil dir einige Details nicht auf den ersten Blick klar sind. Häufig ist es nämlich so, dass sich viele Informationen erst aus dem Gesamtzusammenhang heraus ergeben. Aus diesem Grund rate ich dir wirklich dazu, den Text in einem Stück durchzulesen und nicht immer wieder zurückzuspringen.

Konzentriere dich auf die wichtigen Informationen

Verschaffe dir vor dem eigentlichen Lesen einen guten Überblick über den Text und durchschaue seine Struktur. Durch diesen Schritt wird dir meist sehr schnell bewusst, hinter welchen Passagen sich die wirklich wichtigen Informationen verstecken. Diese Vorgehensweise eignet sich insbesondere für wissenschaftliche Fachartikel und weniger für ganze Lehrbücher. Beispielsweise findest du in einigen Journals ewig lange Beschreibungen der Methodik oder des Versuchsaufbaus. Dies gewinnt dahingehend an Rechtfertigung, dass diese detaillierte Beschreibung dafür sorgt, dass das Experiment wiederholt werden könnte. Allerdings sind genau solche Informationen für dich in der Regel nicht relevant und bringen dich weder im Job nach vorne, noch helfen sie dir in der nächsten Prüfung.

Aus diesem Grund rate ich dir dazu, unrelevante Informationen weitgehend zu ignorieren und dich mit deiner vollen Aufmerksamkeit den wichtigen Themen zu widmen.

Habe Geduld

Es ist vollkommen normal, dass du vor allem beim schnellen Lesen, den Text nicht zu Beginn vollständig durchblickst. Dein Gehirn braucht Zeit, um die Informationen zu verarbeitet und sinnvoll miteinander zu verknüpfen. Deshalb ist es enorm wichtig, dass du Gefühle von Frustration versuchst weitgehend abzuwehren.

Beim ersten Lesen geht es einfach nur darum, dass du schnell die Inhalte überfliegst, um einen ersten Eindruck von wichtigen Schlüsselbegriffen und dem Oberthema zu erhalten. Beim zweiten Durchgang hast du bereits ein solides Hintergrundwissen und weißt was auf dich zukommt, dementsprechend fällt es dir auch leichter die Informationen in einen Gesamtzusammenhang einzuordnen. Letztlich schaffst du es beim dritten Lesen zumeist schon von auf Verständnis von ca. 80 Prozent zu kommen. Dieser dritte Durchgang kann beispielsweise in deiner Klausurenphase erfolgen. Lasse dich dabei bitte nicht davon irritieren, dass ich an dieser Stelle nicht von 100 Prozent spreche. Um ein lückenloses Textverständnis zu erreichen, reichen bei anspruchsvollen Inhalten meist auch keine drei Durchgänge aus. Das Gute darin ist, dass du dieses 100 prozentige Verständnis in der Regel gar nicht brauchst. Egal ob in einer Prüfung, einer Hausarbeit oder sogar am Arbeitsplatz – du wirst im Normalfall weder Zeit noch Platz haben, um auf jedes kleine Detail einzugehen.

Entwickle das richtige Zeitmanagement

Ich habe dich ja bereits zu Beginn dieser Tipps darauf hingewiesen, dass du dir Zeitziele während des Lesens stecken sollst. Im Zuge dessen habe ich dir einen Richtwert von 25 Seiten in einer Stunde mit auf den Weg gegeben. Ich weiß allerdings auch, dass 25 Seiten am Tag nicht ausreichen und du dementsprechend mehr als eine Stunde Lesezeit am Tag benötigst. Aus eigener Erfahrung weiß ich allerdings auch, wie ermüdend das Lesen von Fachliteratur ist.

Aus diesem Grund rate ich dir dazu, einmal Folgendes auszuprobieren. Versuche die 25 Seiten anstatt in einer Stunde in 45 Minuten durchzulesen. An dieser Stelle ist es allerdings wichtig, dass du wirklich konzentriert an deinem Arbeitsplatz sitzt. Viele Studenten lesen Fachbücher gerne liegend im Bett oder hocken in seltsamer Pose auf dem Sessel.

Davon kann ich dir nur abraten, da du so nicht dein volles Konzentrationspotenzial ausschöpfen kannst.

Nimm dir anschließend die übrigen 15 Minuten Zeit, um dich aufs Bett oder die Couch zu legen und deine Gedanken schweifen zu lassen. In dieser Ruhephase gibst du deinem Gehirn Zeit die Informationen des Textes zu verarbeiten und neue Energie zu schöpfen. Interessant ist, dass du in dieser kurzen Pause auch ein Nickerchen einlegen kannst, da der Erholungs- und Verarbeitungseffekt der gleiche ist.

Wie du mit schwierigen Texten und Fachliteratur die meisten Erfolge erzielst – die 5 Schritt Methode

Die fünf Schritt Methode kannst du als eine Art Zusammenfassung der bisherigen Techniken verstehen. Sie vereint schnelles Lesen mit einem verbesserten Textverständnis und verhilft dir so zum maximalen Lernerfolg.

Schritt 1: Verschaffe dir einen Überblick

Dabei besteht auch hier der erste Schritt darin, dass du dir einen Überblick verschaffst. Versuche an Hand des Vorwortes oder des Inhaltsverzeichnisses die zentralen Aussagen des Textes abzuleiten. Bei längeren Texten oder einem Buch kannst du die Seiten durchblättern ohne den Text dabei wirklich zu lesen. Auf diese Weise machst du dir an Hand des Aufbaus und der Überschriften bereits einen ersten Eindruck von den Inhalten und weißt, wo du diese im Gesamtkontext einordnen kannst.

Schritt 2: Stelle Fragen

Dieser Schritt ist dir bereits aus den anderen Techniken bekannt und trägt dazu bei, dass du dich im Vorfeld an das Lesen bereits mit dem Text auseinandersetzt. Formuliere im Zuge dessen Fragen, deren Antworten du im Text erwartest. Diese Vorgehensweise steigert deinen Lesewillen und die Motivation, da du dich aktiv anstatt passiv mit dem Text auseinandersetzt.

Schritt 3: Lies den Text

Auch bei der fünf Schritt Methode, verbirgt sich hinter diesem Punkt der größte Aufwand. Hier geht es um das eigentliche Lesen des Textes. Habe währenddessen immer deine zuvor formulierten Fragen im Hinterkopf, sodass du wirklich gezielt und effizient den Text durchliest. Finde im Zuge dessen dein optimales Zeitmanagement. Wie lange du am Stück lesen solltest, hängt auch stark davon ab, wie anspruchsvoll der Text ist. Allerdings empfiehlt es sich grundsätzlich auch beim konzentrierten Lesen spätestens nach einer Stunde eine kurze Pause einzulegen.

Schritt 4: Wiederhole abschnittsweise

An dieser Stelle solltest du deine zuvor aufgestellten Fragen beantworten. Je nach Umfang und Zeitmanagement macht es Sinn, dass du dir die entsprechenden Antworten schriftlich notierst. Fehlt dir dafür die Zeit, reicht es allerdings auch aus, wenn du die Fragen mündlich beantwortest.

Darauffolgend beginnst du den Text abschnittsweise zusammenzufassen. Notiere dir dazu Schlüsselbegriffe aber versuche ansonsten weitgehend deine eigenen Worte zu verwenden. Versuche zudem deine Zusammenfassung optisch ansprechend zu gestalten. Für das Auge ist es wenig reizvoll, wenn du deine Zusammenfassung einfach nur als langen Fließtext oder untereinander gereihte Stichpunkte notierst. Erstelle stattdessen eine Art Schaubild, auf dem du die wichtigsten Aussagen optisch hervorheben kannst. In diesem Zusammenhang macht es auch Sinn mit verschiedenen Farben zu arbeiten, sodass die ausschlaggebenden Argumente des Textes unmittelbar hervorstechen.

Dieser Schritt gewinnt insbesondere im Hinblick auf die Prüfungsvorbereitung an erhöhter Relevanz. Dadurch, dass du die Texte in eigenen Worten zusammenfasst, bereitest du dich selber auf die Prüfungssituation vor, in der du dein Wissen ebenfalls in eigenen Worten wiedergeben musst. Zudem ist der Wechsel zwischen Fragen stellen, Lesen und Wiederholen ideal für den Lernprozess. Auf diese Weise schaffst du die besten Voraussetzungen dafür, dass die Informationen in dein Langzeitgedächtnis kommen. Zudem bleibt durch den Wechsel der Arbeitsform dein Interesse aufrechterhalten und du bist weniger schnell von den Lerninhalten gelangweilt.

Schritt 5: Bringe die Ergebnisse in einen Gesamtzusammenhang

Im letzten Schritt erstellst du eine zusammenfassende Wiederholung des Textes. An dieser Stelle solltest du die einzelnen Zusammenfassungen der Textabschnitte in einem Gesamtzusammenhang bringen. Auf diese Weise sorgst du nicht nur dafür, dass du dir die Inhalte besser merken kannst. Dir wird nämlich an diesem Punkt auch auffallen, wie gut du die einzelnen Themen, beziehungsweise Abschnitte, verstanden hast. Versuche eine kurze (!!!) finale Zusammenfassung zu erstellen. Diese sollte wirklich nur die wichtigsten Argumente beinhalten und eine Aussage darüber liefern, wo die Informationen des Textes im Gesamtzusammenhang deines Prüfungsthemas einzuordnen sind. Nutze an dieser Stelle wieder kleine Schaubilder, Farben und eigene Erklärungen, um dir den Lernstoff besser einprägen zu können.

Richtiges Erschließen von Texten

Nachdem wir uns ausgiebig mit verschiedenen Strategien zum schnelleren Lesen beschäftigt haben, möchte ich an dieser Stelle dem Textverständnis noch ein wenig mehr Aufmerksamkeit widmen. Auch wenn die unterschiedlichen Methoden ebenso dazu dienen, die Inhalte der Texte schneller und besser zu durchdringen, gibt es weitere Tipps, die dir dabei helfen die Texte richtig und einfach zu erschließen.

Nutze offene W-Fragen

Im Rahmen der SQ3R und PQ4R Methode habe ich dich bereits darauf hingewiesen, dass du dir im Vorfeld an das Lesen Fragen zum Text notieren solltest. Da genau von diesem Schritt ein enorm hohes Erfolgspotenzial ausgeht, möchte ich diesen Aspekt noch kurz vertiefen.

Im Rahmen des Fragestellens haben sich offene W-Fragen als besonders erfolgreich erwiesen. Hier sind einige Beispiele für dich: Wann? Wo? Was? Wozu? Wen? Weshalb? Wodurch? Wie? Warum? Auf der einen Seite kannst du durch diese Fragestellungen bereits im Vorfeld deine Aufmerksamkeit auf die Inhalte des Textes lenken. Zudem hilft es dir den Text wesentlich gezielter zu lesen, da du aktiv auf der Suche nach Antworten für deine offenen Fragen bist.

Texte richtig Markieren

Auch wenn die unterschiedlichen Lesetechniken extrem dabei helfen, dein Textverständnis zu verbessern, reicht das Lesen alleine nicht aus. Du wirst im Laufe deines Studiums oder bei Weiterbildungen in deinem Job eine so große Anzahl an Texten und Büchern lesen, dass du dir diese Inhalte nicht ohne weiteres merken kannst. Aus diesem Grund ist das Markieren von Texten ein essentieller Punkt dafür, dass du dir die Inhalte besser merken und später einfacher wieder abrufen kannst.

Allerdings ist markieren nicht gleich markieren. Viele Studenten machen den Fehler und markieren nahezu jedes Wort aus dem Text – dass dies nicht besonders effektiv ist scheint logisch zu sein. Jedoch gibt es, neben dem richtigen Umfang an Markierungen, eine Reihe weiterer Aspekte, die du beachten kannst. Im Zuge dessen macht es Sinn, eine Art Bearbeitungssystem mit verschiedenen Markierungsformen zu entwickeln, um die Texte bestmöglich bearbeiten zu können. Auf diese Weise musst du beim späteren Wiederholen des Lernstoffes nicht komplette Texte noch einmal durcharbeiten, sondern kannst dich lediglich auf die verschiedenen Markierungen konzentrieren und sparst so eine Menge an Zeit.

Hervorhebungen

Unter Hervorhebungen verstehen wir das eigentliche Markieren des Textes, beziehungsweise das Hervorheben der wichtigsten Textstellen. Hier geht es darum, dass du die Hauptaussagen und die wichtigsten Argumente des Autors herausarbeitest. An Hand deiner Markierungen solltest du den roten Faden des Textes bereits erkennen können.

In diesem Zusammenhang ist es am einfachsten, wenn du für dich selber ein Markierungssystem entwickelst, welches du für sämtliche Texte anwenden kannst. Generell macht es hierbei Sinn, dass du mit verschiedenen Farben arbeitest, da du so deinem Gehirn die differenzierte Aufnahme der Informationen erleichterst. An dieser Stelle eignen sich die langbewährten Textmarker immer noch am besten. Im Hinblick auf das Markierungssystem, solltest du die Farben so wählen, dass sie direkt einen Hinweis auf die inhaltliche Bedeutung der Textstelle geben. Wähle beispielsweise für besonders wichtige Argumente die Farbe Rot und markiere dann die nachfolgenden Hauptaussagen in Orange. Nutze wiederum eine andere Farbe wie beispielsweise Grün für Definitionen, die du im Text neu kennenlernst und letztlich eine andere Farbe für Zusammenfassungen innerhalb des Textes. Dabei bist du bei der Farbwahl natürlich frei in deiner Entscheidung. Wichtig ist nur, dass du genau dieses Schema in weiteren Texten auch beibehältst.

Letztlich solltest du dich an die Grundregeln halten und wirklich nur die wichtigsten Informationen im Text markieren. Zudem rate ich dir, darauf zu achten, dass du nur neue Inhalte markierst. Wenn du den Lernstoff bereits kennst, liefert es nur wenig Mehrwert diese Textpassagen noch einmal zu markieren. Generell solltest du immer darauf achten, dass du nur einzelne Schlüsselwörter oder Hauptgedanken markierst und dich nicht dazu hinleiten lässt, ganze Abschnitte farbig zu hinterlegen.

Merkzeichen

Die Verwendung von Merkzeichen oder auch Markierungszeichen ist nicht ganz so geläufig wie das farbige Hervorheben von Textstellen. Allerdings eignet sich diese Methode ebenfalls ideal, um die Lerninhalte überschaubarer zu gestalten und bei der Wiederholung des Stoffes gezielter vorgehen zu können.

Dabei würde ich die Merkzeichen nicht als einzelne Methode bewerten, sondern vielmehr als eine Ergänzung des oben erklärten Markierungssystems. Wichtig ist demnach auch hierbei, dass du ein individuelles System entwickelst, welches für dich funktioniert und du bei sämtlichen Lerntexten anwenden kannst. Unter Merkzeichen verstehen wir einfach einzelne Zeichen oder Buchstaben. Beispielsweise kannst du einen Strich | oder ein Kreuz + am Rand von Testpassagen machen, die besonders wichtig oder neu sind. Zudem kannst du Definitionen zusätzlich mit deinem D am Rand versehen, damit diese besser hervorstechen. Außerdem kannst du dir ein Fragezeichen ? an Textabschnitten notieren, die du beim ersten Lesen noch nicht verstanden hast und du diese dementsprechend noch einmal durcharbeiten musst. Bei Lerninhalten die besonders relevant für die Prüfung sind kannst du dir beispielsweise ein P oder ein Ausrufzeichen ! notieren.

Du siehst selber, dass es viele unterschiedliche Möglichkeiten gibt, um mit Markierungszeichen den Text noch besser durchzuarbeiten und zu strukturieren. Erstelle im Zuge dessen eine eigene Liste mit den entsprechenden Merkzeichen, die du beim Lesen deiner Texte verwenden möchtest. Achte aber auch hier wieder darauf, dass weniger manchmal mehr ist. Wenn du zu viele Zeichen nutzt, machst du den Text damit häufig sehr unübersichtlich. Aus diesem Grund solltest du die Zeichen bewusst und systematisch einsetzen, um dein Textverständnis zu maximieren.

Randbemerkungen

Vielleicht hast du von der Methode der Randbemerkungen auch schon mal etwas unter der Bezeichnung Marginalien gehört. Damit sind ganz einfach einzelne Schlüsselwörter oder Stichpunkte gemeint, die du dir während des Lesens am Rand notierst.

Im Zuge dessen solltest du in jedem Fall abschnittsweise vorgehen und dir pro Abschnitt nicht mehr als ein oder zwei Schlagworte notieren. In guten Fachtexten befindet sich zumeist eine Kernaussage in jedem Abschnitt. Markiere diese und notiere dann ein passendes Schlagwort am Rand. Wichtig ist, dass du dich bei den Randbemerkungen wirklich kurzhältst. Es bringt niemanden etwas, wenn du die Hauptaussagen noch einmal vollständig am Rand notierst – also, fasse dich kurz! Insbesondere bei längeren Abschnitten kannst du zudem versuchen, eigene Überschriften für die jeweiligen Textpassagen zu finden. Dies trägt enorm viel dazu bei, dass du einen guten Überblick über die Inhalte des Textes hast und weißt, worum es im Kern geht.

Visualisierungen

Auch wenn es viele unterschiedliche Lerntypen gibt, eignen sich Visualisierungen im Allgemein extrem gut für den Lernprozess. Wenn du Inhalte bildlich darstellst, kannst du auf diese Weise die Wahrscheinlichkeit, dass du dir den Lernstoff merken kannst, enorm steigern.

Der Grund dafür liegt darin, dass Bilder, Zeichnungen, Diagramme oder Skizzen von beiden Gehirnhälften sehr gut aufgenommen werden können. Als Resultat können wir diese Informationen schneller und einfacher behalten und diese dann in Prüfungssituationen auch besser abrufen.

Grundsätzlich musst du dabei nicht immer eine grafische Darstellung der Inhalte anfertigen. Häufig reicht es schon aus, wenn du dir während des Lesens von Texten oder auch beim Hören von Fachvorträgen, die Inhalte bildlich vorstellst und mit anderen Informationen in einen Kontext bringst. Auf diese Weise kannst du dich auf Grund der bildhaften Verknüpfung nicht nur besser an die Inhalte erinnern, sondern du beschäftigst dich auch wesentlich intensiver mit den Lernstoffen, da du ja zuerst nach einer bildhaften Assoziation suchen musst.

Allgemein können wir zwischen zwei Varianten unterscheiden, mit denen du Informationen übersichtlich visualisieren kannst. Auf der einen Seite können wir Lerninhalte nach ihrer äußeren Form strukturieren. Dies trägt in erster Linie dazu bei, dass wir uns einen besseren Überblick verschaffen können und uns die Inhalte dementsprechend besser merken können. An dieser Stelle eigenen sich beispielsweise eine alphabetische Ordnung oder die Verknüpfung der Infos mit Zahlen oder Gegenständen. Zudem kannst du an dieser Stelle die Inhalte in Gruppen einteilen oder nach Wortarten ordnen.

Auf der anderen Seite hast du die Möglichkeit Informationen nach ihren inneren Zusammenhängen, also sachlogisch, anzuordnen. An dieser Stelle eigenen sich vor allem kreativere Formen der Visualisierung. In diesem Zusammenhang kannst du beispielsweise ein Netzwerk oder eine Mind-Map verwenden. Insbesondere auf den letzten Punkt möchte ich noch einmal kurz eingehen, da du die Methode des Mind-Mappings besonders effektiv in verschiedenen Phasen deines Lernprozesses nutzen kannst.

Mind-Mapping

Beim Mind-Mapping handelt es sich um eine besonders vielseitige und erfolgreiche Technik zur Visualisierung von Informationen. Versucht man den Begriff ins Deutsche zu übersetzen, könnte man die Mind-Map auch als eine Gedanken Landkarte bezeichnen. Einer der Ursache für den großen Lernerfolg, der über das Mind-Mapping generiert werden kann, ist die Verbindung beider Gehirnhälften während dieser Visualisierungstechnik. So werden das logisch-analytische Denken (linke Gehirnhälfte) und gleichzeitig das bildhafte-assoziative Denken (rechte Gehirnhälfte) während des Lernens aktiviert.

Wahrscheinlich kennst du die Mind-Map bereits aus deiner Schulzeit. Deshalb gehe ich an dieser Stelle nur kurz zur Erinnerung auf die Erstellung, beziehungsweise auf den Aufbau, dieser Lernhilfe ein. Das Hauptthema steht hierbei im Mittelpunkt. Von diesem Thema aus gehen einige Hauptäste, also Linien aus, die wieder in einzelne Zweige aufgeteilt werden. Einen solchen Hauptast in Verbindung mit seinen Zweigen kannst du dir als eine Art Themen- oder Gedankenkomplex darstellen. Dabei ist es ratsam, dass du bei der Erstellung einer Mind-Map lediglich aussagekräftigte Schlagwörter verwendest, und dich nicht dazu hinreißen lässt, lange Stichpunkte oder Sätze zu notieren.

Auf diese Weise erhältst du eine extrem gute und überschaubare Übersicht über dein Lernthema. Durch die Struktur der Mind-Map werden alle Hauptgedanken gut sichtbar dargestellt und gedankliche Verbindungen sind durch die Äste und Zweige auf den ersten Blick erkennbar. Zudem wird durch die Unterteilung in Äste und Zweige unmittelbar die Rangfolge der Informationen deutlich, sodass du weißt wie sich die Lerninhalte zueinander verhalten und welche Themen über- oder untergeordneter Natur sind. Zudem ist es im Regelfall recht einfach, die Mind-Map auch nachträglich, beziehungsweise fortlaufend, mit neuen Informationen zu ergänzen.

Vom Spickzettel zur Top Visualisierung

Vielleicht kennst du aus deiner Schulzeit auch noch die bekannten Spickzettel. Wir alle kennen wohl mindestens eine Person, die sich schon das ein oder andere Mal durch einen Spickzettel zu mehr Erfolg in der Prüfung verholfen hat. Natürlich möchte ich dich an dieser Stelle auf keinen Fall dazu ermutigen, in deiner nächsten Klausur zu betrügen – davon profitiert im Endeffekt auch niemand.

Allerdings hat sich der Spickzettel als eine ideale Visualisierungshilfe herausgestellt, sodass du diesen im Rahmen deiner Prüfungsvorbereitung nutzen kannst. Dabei gehört es zur Natur der Spickzettel, dass du versuchen musst, das Lernthema möglichst komprimiert auf einen kleinen Raum zu bringen. Als Richtwerte empfehle ich dir, dass dein persönlicher Spickzettel maximal so groß wie ein DIN-A4-Blatt ist. Bei besonders umfangreichen Themen kannst du dieses dann gerne von beiden Seiten beschriften.

Zudem stehst du bei einem Spickzettel vor der Aufgabe, Eselsbrücken und Assoziationen zu entwickeln, da es unmöglich ist das ganze Thema auf das Papier zu bringen. Deshalb beginnst du an dieser Stelle bewusst nach Verbindungen der einzelnen Inhalte zu suchen, damit du in der Prüfung auf Grundlage deiner wenigen Notizen Rückschlüsse auf das gesamte Thema ziehen kannst. Die Erstellung eines solch gut durchdachten Spickzettels kostet mehr Zeit als die meisten zunächst vermuten – aber, es lohnt sich wirklich!

Du kennst nämlich vielleicht selber das Phänomen, dass man sich einen umfangreichen Spickzettel erstellt aber dieses in der Prüfung letztlich gar nicht mehr benötigt. Der Grund hierfür besteht ganz einfach darin, dass du dich bei der Erstellung des Spickzettels so intensiv mit dem Thema auseinandersetzt, dass du dich in der Prüfung ohne einen Blick auf deine Notizen, an sämtliche Lerninhalte erinnern kannst.

Aus diesem Grund eignet sich der Spickzettel auch so ideal zur Prüfungsvorbereitung. Je nachdem was du für ein Lerntyp bist, erstellst du dir vielleicht zu Beginn Zusammenfassungen zu verschiedenen Texten, erstellst Lernblätter, Karteikarten oder markierst einfach nur die wichtigsten Informationen in den Skripten deiner Professoren. Wenn du dann aber kurz vor der Prüfung stehst und dich bereits intensiv mit dem Lernstoff auseinandergesetzt hast, macht es für jeden Lerntypen Sinn einen solchen Spickzettel zu erstellen. Wichtig ist, dass du mit der Erstellung dieses Hilfsmittels nicht zu früh im Lernprozess beginnst. Dies ist darauf zurückzuführen, dass du dich bereits so gut mit den Lerninhalten auskennen musst, dass du differenzieren und entschieden kannst, welche Inhalte jetzt wirklich auf den Spickzettel gehören.

Mit dem so erstellten Zettel kannst du dann ganz gezielt kurz vor der Prüfung lernen. Schaue, ob du sämtliche Themen die auf dem Zettel stehen zuordnen kannst und in einen Gesamtzusammenhang bringen kannst, beziehungsweise ob es dir gelingt, Rückschlüsse auf das gesamte Thema zu ziehen. In jedem Fall eignet sich der Spickzettel als ideale Form der Visualisierung, da du hierbei aufgrund des begrenzten Platzes, dazu gezwungen wirst, dich wirklich nur auf die wichtigsten Informationen zu konzentrieren.

Informationen verarbeiten, aufbereiten und behalten

Wie wir bereits ganz zu Beginn dieses Buchs gelernt haben, werden wir jede Sekunde von dutzenden von Informationen überflutet. Dabei gelangen nur diejenigen Informationen in unser Kurzzeitgedächtnis, die für uns in irgendeiner Hinsicht eine besondere Bedeutung haben. Dies ist insbesondere der Fall, wenn wir interessiert an bestimmten Sachverhalten sind und diese Gefühle in uns auslösen oder diese für uns besonders wichtig und sinnvoll erscheinen und wir sie gegebenenfalls bereits mit vorhandenem Wissen in Verbindung setzen können.

Durch das gezielte Durcharbeiten, also das Lesen und Markieren von Texten und Lerninhalten kannst du schon einen großen Beitrag dazu leisten, dass der Lernstoff in dein Kurzzeitgedächtnis und anschließend sogar in dein Langzeitgedächtnis gelangt. Allerdings gibt es noch eine Reihe weiterer Methoden und Tipps, die dir dabei helfen die Informationen richtig aufzubereiten, um diese besser behalten zu können.

Assoziieren

Eine Möglichkeit, um sich Lerninhalte besser merken zu können, ist die Assoziation mit bestehenden Informationen im Gehirn. Einfach verständlicher könnten wir in diesem Zusammenhang auch sagen, dass du sogenannte Eselsbrücken bauen kannst, um die Informationen einfacher behalten zu können. Diese Eselsbrücken sind auch unter der Bezeichnung Mauerharken Methode bekannt, da wir dabei eine Art Mauerharken im Kopf entwickeln, an den wir die Informationen anbinden können. Du kannst dir dieses Prinzip ähnlich wie einen Anker im Gedächtnis vorstellen.

Häufig läuft das Assoziieren bestimmter Informationen ganz automatisch im Unterbewusstsein ab, beispielsweise verbinden wir das Wort Urlaub zumeist automatisch mit Attributen wie Entspannung, Sonne, Meer, Freizeit und vielem mehr. Allerdings können wir auch ganz bewusst Eselsbrücken entwickeln, mit denen wir uns insbesondere komplizierte Inhalte merken können oder Informationen, die trotz größter Mühe einfach nicht in unserem Kopf bleiben wollen.

Situationsbezogene Mauerharken

Im Zuge dessen ist es wichtig zwischen den verschiedenen Varianten der Mauerharken unterscheiden zu können. Zum einen kannst du situationsbezogene Mauerharken bilden. Frage dich, ob dir in der Situation sonst noch Dinge aufgefallen sind, die dir im Gedächtnis geblieben sind. Vielleicht hast du während des letzten Fachvortrags gleichzeitig eine WhatsApp Nachricht von einem dir nahestehenden Menschen erhalten. Oder dir ist während des Lesens des letzten Kapitels im Buch aufgefallen, dass dein Nachbar draußen den Rasen gemäht hat. Auch wenn der Lärm in der entsprechenden Situation für dich wahrscheinlich eher ein Störfaktor war, kann es sein, dass genau diese situationsbezogene Eselsbrücke dir jetzt dabei hilft, dir die Informationen besser merken zu können.

Akustische Mauerharken

Eine weitere Möglichkeit sind akustische Mauerharken. Diese können dir vor allem dabei helfen, dir komplizierte Fach- und Fremdwörter besser einzuprägen. Ziel ist es dabei Worte, beziehungsweise Mauerharken zu finden, die ähnlich dem Wort klingen, welches du dir merken willst. Ebenfalls für einzelne Gegenstände eignen sich optische Mauerharken ideal. Dabei stellst du dir die Frage, wie du dir das entsprechende Wort oder den Gegenstand vorstellst und findest Dinge, an die dich das Wort erinnert, beziehungsweise jene die sehr ähnlich aussehen. Auf diese Weise kannst du in deinem Gehirn Assoziationen bilden, die dir dabei helfen, dir bestimmte Sachverhalte besser merken zu können sowie diese Informationen einfacher wieder abrufen zu können.

Inhaltliche Mauerharken

Letztlich kannst du auf die Variante der inhaltlichen Mauerharken zurückgreifen, sodass du insbesondere bei komplexeren Sachverhalten nützliche Eselsbrücken bilden kannst. Frage dich was der Lerninhalt mit anderen Dingen oder Lernstoffen zu tun hat, die du bereits kennst. Dabei gibt es keine wirkliche Anleitung, wie und auf welche Weise du am besten Eselsbrücken entwickeln kannst. Hierbei handelt es sich zumeist um eine sehr individuelle Präferenz, durch welche Mauerharken du dir die Informationen am besten merken kannst. Generell solltest du dabei aber den Grundsatz im Hinterkopf behalten, dass du so kreativ sein darfst, wie nur möglich. Die Eselsbrücken müssen nicht zwangsläufig in einer logischen Verbindung mit den neuen Lerninhalten stehen. Ein Mauerharken, der für dich super funktioniert, kann unter Umstände für einen Kommilitonen oder Arbeitskollegen von dir überhaupt keinen Sinn machen und nichts zu seinem Lernerfolg beitragen. Wichtig ist, dass du irgendeine Verbindung zu den Lerninhalten mit deinem bestehenden Wissen herstellst – egal wie, die Hauptsache ist, dass du dir die Lerninhalte merken kannst.

Strukturieren

Eine weitere Methode, damit du dir Informationen besser merken kannst ist, dass du diese in eine logische Struktur bringst. Dabei geht es in erster Linie darum, dass du Daten, Fakten und Wissen in kleinen Päckchen bündelst und einteilst, die es dir erleichtern diese Informationen abzuspeichern und sie anschließend wieder abrufen zu können. Durch das Bilden dieser Bündel hast du die Möglichkeit eine Vielzahl von Informationen in einem Paket zu verdichten. Deinem Gedächtnis fällt es dann in der Regel leichter dieses Paket abzuspeichern, da Speicherkapazitäten geschont werden, da nicht jede einzelne Information separat abgespeichert werden muss.

Auch wenn das richtige Strukturieren von Informationen erneut stark von deinen eigenen Interessen und Präferenzen abhängt, gibt es unterschiedliche Methode und Strukturen, an denen du dich orientieren kannst. Aus diesem Grund stelle ich dir im Folgenden unterschiedliche Techniken vor, um dir eine Hilfestellung für das richtige Strukturieren mit an die Hand zu geben.

Blockbildung

Die Blockbildung gehört zu einer der bekanntesten Methoden im Rahmen des Strukturierens, die wir häufig bereits unbewusst anwenden. Dabei geht es darum, dass du Begriffe in sinnvolle Blöcke einteilst, die jeweils zu einem Oberthema, beziehungsweise zu einem Oberbegriff gehören. Ziel dieser Methode ist es dann, dass du dich an Hand des Oberbegriffes wieder an sämtliche Begriffe erinnern kannst, die du diesem Block zugeordnet hast.

Ein ganz einfaches Beispiel, um dir diese Methode noch einmal näher zu verdeutlichen bilden die Worte Buche, Kiefer, Eiche und Fichte. Da es sich bei allen Begriffen um Bäume handelt, könntest du daraus einen Ordner mit dem Oberbegriff Bäume bilden. Auf diese Weise kannst du dir die vier Begriffe einfacher merken, als wenn du sie alle isoliert voneinander betrachtest.

Ein weiteres Beispiel könnte der Ordner Musikinstrumente mit den Begriffen Geige, Trommel, Klavier und Trompete sein. Auch wenn es sich hierbei um extrem simple Beispiele handelt, hoffe ich, dass du auf diese Weise das Prinzip der Blockbildung verstanden hast. Diese Methode eignen sich nämlich auch für komplexere Zusammenhänge, beziehungsweise für größere Gruppen von Begriffen. Das Einzige auf das du achten solltest ist, dass du die Informationen dahingehend in Blöcke einteilst, dass die Logik dahinter für dich absolut klar und sinnvoll ist. Es ist wenig zielführend, wenn du selbst erst minutenlang überlegen musst, in welchem Zusammenhang die Begriffe stehen oder warum du sie einem bestimmten Oberthema zugeordnet hast.

Eigene Inhaltsverzeichnisse erstellen

Hierbei geht es darum, dass du für bestehende Texte eigene Inhaltsverzeichnisse mit deinen eigenen Worten erstellst. Wissenschaftliche Artikel haben zumeist überhaupt kein Inhaltsverzeichnis, sodass du an dieser Stelle sehr frei in deiner Gestaltung bist. Wenn du dabei bist ein ganzes Buch zu bearbeiten, solltest du separate Inhaltsverzeichnisse für die einzelnen Kapitel erstellen. Der Grund dafür liegt darin, dass ein Verzeichnis für das ganze Buch, so wie du es am Anfang im Buch findest, zu wenig detailliert und für diese Methode dementsprechend ungeeignet ist. Zudem ist die „Gefahr" groß, dass du dich bei einem Inhaltsverzeichnis für das ganze Buch zu stark an der Vorlage des entsprechenden Autors orientierst.

Das Inhaltsverzeichnis mit deinen eigenen Worten zu erstellen war allerdings nur der erste Schritt. Anschließend kommt das eigentliche Kernstück dieser Methode. Du solltest nun versuchen den gesamten Inhalt des Textes auf der Grundlage deines Inhaltsverzeichnisses lückenlos wiedergeben können. Lasse dich nicht davon entmutigen, dass dies mit sehr hoher Wahrscheinlichkeit nicht direkt zu Beginn klappen wird.

Allerdings wird es mit der Zeit immer einfacher, dass du dich auf diese Weise an sämtliche Inhalte erinnern kannst. Zudem ist diese Methode in deiner Lern- oder Prüfungsphase sehr zeitsparend, da es weniger Zeit kostet einen Blick auf das eigene Inhaltsverzeichnis zu werfen, anstatt noch einmal den ganzen Text zu lesen.

Gliederung entwerfen

Diese Methode ist sehr ähnlich zum Inhaltsverzeichnis erstellen, allerdings unterscheidet sich der Zeitpunkt und der Detailierungsgrad der beiden Methoden.

Bei dieser Variante geht es darum, dass du schon eine Gliederung zu einem Thema erstellst, bevor du beginnst, erste Texte zu lesen. Dabei ist dieser Schritt sehr ähnlich zu den verschiedenen Lesemethoden, da du auch hierbei vor der Aufgabe stehst, dir Frage zu stellen, welche Lerninhalte dich erwarten werden. Allerdings konzentrierst du dich an dieser Stelle in der Regel nicht auf einen einzelnen Text, sondern versuchst dir auf diese Weise ein ganzes Thema zu erschließen. Frage dich also, welche Gedanken und Ideen du zu dem Thema hast. Gibt es vielleicht schon Aspekte, die du kennst oder spezifische Wissenslücken, auf die du dir Antworten erhoffst? Hast du bereits an anderer Stelle Texte zu dem Thema gelesen?
An Hand all dieser Frage kannst du dann eine eigene Gliederung des Themas erstellen, indem du die Informationen in eine sinnvolle Reihenfolge bringst. Durch das Ordnen und Strukturieren deiner losen Gedanken, bereitest du dein Langzeitgedächtnis bereits darauf vor, später auf die entsprechenden Informationen zu dem Thema zugreifen zu können.

Ich bin mir durchaus darüber bewusst, dass diese Methode verhältnismäßig zeitintensiv ist. Viele Studierende sind abgeschreckt davon, sich schon vor der eigentlichen Arbeit im Sinne des Lesens von Texten, so intensiv mit dem Thema auseinander zu setzen. Allerdings möchte ich dir wirklich ans Herz legen, diese Methode zumindest einmal auszuprobieren. Du wirst selber merken, dass sich die anfangs investierte Zeit und Arbeit später auszahlen wird, da der weitere Lernprozess einfacher und schneller ablaufen wird.

Struktur und Logik

Bei dieser Variante der Strukturierung geht es insbesondere darum, logische Zusammenhänge zu erkennen und die Informationen dementsprechend zu ordnen. Damit du dir besser vorstellen kannst, wie das genau funktioniert, werfen wir einen Blick auf das folgende Beispiel.

Wir befinden uns in einem Restaurant, in dem fünf Menschen aus Deutschland essen: ein Bayer, ein Hesse, ein Ostfriese, ein Sachse und ein Westfale. Deine Aufgabe ist es nun, herauszufinden, wer von den Männern welche Speise mit welchem Getränk und entsprechender Nachspeise wählt. Zur Lösung der Aufgabe stehen dir die folgenden Informationen zur Verfügung.

1. Der Mann der Rotwein trinkt bestellt zum Dessert keinen Kaffee. Er ist Sachse und isst ein Gericht mit Fisch.
2. Vor dem Pudding wird Kalbshaxe gegessen. Dort wo Mineralwasser getrunken wurde, gibt es hinterher Erdbeertorte.
3. Zu der Seezunge wird Berliner Weise getrunken und die Mahlzeit mit einem Kaffee beendet.
4. Der Hesse aus der Runde isst weder Wiener Schnitzel noch Kalbshaxe.
5. Zur Fleischspeise trinkt der Ostfriese Bier vom Fass.
6. Im Anschluss an die Fleischspeise isst der Bayer Eis.
7. Als Begleitung zum Wienerschnitzel wird ein Winzerprodukt getrunken.

8. Der Ostfriese isst kein Hirschfilet.
9. Zur Kalbshaxe wird ein Brauereigetränk verzehrt, genauso wie zum Fischgericht des Hessen.
10. Die fünf Gäste trinken zum Essen Rotwein, Weißwein, Fassbier, Mineralwasser und Berliner Weiße.
11. Gegessen werden Wiener Schnitzel, Seezunge, Lachsschnitte, Hirschfilet und Kalbshaxe.
12. Zum Dessert bestellen die Gäste Erdbeertorte, Eis, Kaffee, Pudding und Himbeeren.

Um auf die Lösung dieser Aufgabe zu kommen, musst du die Informationen, die dir zur Verfügung stehen nun in eine sinnvolle Reihenfolge bringen. Setze dir dabei ein Zeitlimit von 15 Minuten und schaue, ob du sämtliche Zusammenhänge erkennen kannst. Die richtige Lösung findest du auf der nächsten Seite.

Lösung zum Restaurant-Problem

1. Der Bayer isst ein Wiener Schnitzel mit Weißwein und Eis zum Nachtisch.
2. Der Sachse isst eine Lachsschnitte mit Rotwein und Himbeeren zum Nachtisch.
3. Der Hesse isst eine Seezunge mit Berliner Weiße und einen Kaffee zum Nachtisch.
4. Der Westfale isst ein Hirschfilet mit Mineralwasser und eine Erdbeertorte zum Nachtisch.
5. Der Ostfriese isst eine Kalbshaxe mit Fassbier und ein Pudding zum Nachtisch.

Visualisieren

Wir haben uns im Rahmen des richtigen Markierens bereits mit dem Thema Visualisieren auseinandergesetzt und das Thema Mind Mapping näher betrachtet. An dieser Stelle möchte ich dir allerdings noch eine andere Technik zeigen, die dir dabei hilft, Informationen gezielt und schnell zu visualisieren, damit du dir diese besser merken kannst.

Loci-Technik

Auch wenn dir das Wort Loci-Technik wahrscheinlich nicht bekannt vorkommt, handelt es sich dabei um eine Methode, die bereits seit hunderten von Jahren häufig und erfolgreich angewendet wird. Der Wortursprung kommt aus dem Lateinischen, dort bedeutet „loci“ so viel wie Orte oder Plätze.

Schauen wir uns auch diese Technik wieder an einem Beispiel an. Einmal angenommen du stehst vor der Aufgabe, dir die folgenden fünf

Wörter zu merken, die auf den ersten Blick in keinem Zusammenhang miteinander stehen.

Schuhe, Pferd, Trommel, Brille, Geld

Im nächsten Schritt musst du dir einen Weg vorstellen, den du ganz genau kennst. Dabei kann es sich um den Weg zur Arbeit oder zur Uni handeln, genauso gut kann es aber auch eine Strecke durch deine Wohnung sein oder deine liebste Route zum Spazieren gehen.

Im nächsten Schritt fährst du die Strecke gedanklich ab und suchst dir einige wichtige und markante Punkte auf der Strecke heraus. Auf dem Weg zur Uni könnten das beispielsweise die Anhaltspunkte Haustür, Nachbarshaus, Bushaltestelle, Bus und Universität sein. Daran anschließend musst du die Begriffe, die du dir merken willst, an genau diesen wichtigen Punkten platzieren, beziehungsweise sie mit diesen verknüpfen. Daraus resultieren in unserem Beispiel die folgenden Kombinationen:

Haustür + Schuhe, Nachbarshaus + Pferd, Bushaltestelle + Trommel, Bus + Brille, Universität + Geld

Anschließend erfindest du eine Art Geschichte, indem du kreative Verbindungen zwischen deinen Streckenposten und den Begriffen herstellst, die du dir merken willst. Beispielsweise fällt dir an der Haustür auf, dass du heute vergessen hast, deine Schuhe anzuziehen. Gerade am Nachbarshaus angekommen, bist du ganz verwundert, seit wann der Nachbar ein Pferd in seinem Garten stehen hat. Einige Schritte weiter kommst du an der Bushaltestelle an und freust dich über einen Musiker, der am gegenüberliegenden Straßenrand Musik auf der Trommel macht. Im Bus eingestiegen, kontrolliert der freundliche Busfahrer mit einer großen Brille deine Busfahrkarte. Letztlich bist du an der Uni angekommen, als dir auffällt, dass du dein Geld für ein Mittagessen in der Mensa zu Hause vergessen hast.

Du merkst selber, an dieser Stelle solltest du deiner kreativen Ader absolut keine Grenzen setzen. Wichtig ist nur, dass die Geschichte für dich in irgendeiner Hinsicht Sinn macht, sodass du dich einfacher an sie erinnern kannst. Mit diesen Verknüpfungen wird es dir zu einem späteren Zeitpunkt nämlich wesentlich leichter fallen, dich wieder an die Begriffe erinnern zu können. Die Ursache hierfür, oder auch der Trick der Loci-Technik ist, dass du aktives Wissen aus deinem Langzeitgedächtnis mit den neuen Begriffen in einer bestimmten Reihenfolge verbindest.

Das Gelernte im Kopf behalten

Nachdem wir uns nun vor allem mit Techniken auseinandergesetzt haben, die dir dabei helfen sollen, den Lernstoff besser in den Kopf zu bekommen, bleibt nun die Frage offen, wie er auch da bleibt. Mit Sicherheit kennst du das Problem selber: Du hast dich sehr intensiv mit den Inhalten für die nächste Prüfung beschäftigt, alles verstanden und ausgiebig gelernt aber das Wissen will einfach nicht in deinem Kopf bleiben. Sobald du dich ein oder zwei Tage nicht mehr mit dem Thema beschäftigt hast, ist auf einmal jegliches Wissen wieder verflogen. Genau um dieser Situation zu entgehen, gibt es auch hier unterschiedliche Techniken und Methoden, die dir dabei helfen, das Gelernte besser und einfacher im Kopf zu behalten.

Der Gedächtnispalast

Der Gedächtnispalast ist eine Weiterentwicklung der Loci Methode, die ich dir bereits vorgestellt haben. Somit handelt es sich hierbei um eine Technik, die dir durch kreative Visualisierung dabei hilft, dir Lerninhalte besser merken zu können und diese anschließend auch einfacher abrufen zu können. Sowohl bei der Loci Methode als auch beim Gedächtnispalast erstellst du dir geistig eine Art Raum, in dem du die Informationen ablegen möchtest. Bei der Loci Technik gelangst du an dieses Wissen, indem du eine spezielle Route abläufst, um dich an die gespeicherten Informationen erinnern zu können. Der Unterschied beim Gedächtnispalast ist, dass du hierbei keiner imaginären Route folgst, sondern unterschiedliche Räume erstellt. Das bedeutet, dass du dir geistig verschiedene Räume vorstellst, die du dann Themenbereichen zuordnen kannst. Danach kannst du deine Lerninhalte, dann in den entsprechenden Räumen abspeichern. Auf Grund dieser Raumstruktur entsteht dann am Ende eine Art Palast, dem diese Methode ihren Namen verdankt.

Dabei besteht grundsätzlich kein Limit bezüglich der Anzahl an geistigen Räumen, die du erstellst. Theoretisch kannst du unendlich viele Räume mit verschiedenen Themen anlegen. Allerdings hängt es stark von deiner individuellen Vorstellungskraft und Merkfähigkeit ab, welche Ausmaße deines persönlichen Gedächtnispalastes sinnvoll sind. Werfen wir jetzt einen Blick darauf, wie diese Methode genau funktioniert.

Schritt 1: Räume bilden

Ratsam ist es auf jeden Fall, dass du zu Beginn klein anfängst und erstmal nur ein oder zwei Räume erstellst, um dein Gehirn langsam an diese Lernmethode zu gewöhnen. In dem Raum selber, kannst du dann aber unterschiedliche Ecken zum Abspeichern verschiedener Lerninhalte nutzen. Wenn du merkst, dass deine Vorstellungskraft sich an diese

Vorgehensweise gewöhnt und du immer besser darin wirst, dir die Dinge zu merken, kannst du deine Raumstruktur selbstverständlich beliebig weit ausdehnen.

Schritt 2: Räume verbildlichen

Damit du Wissenselemente in den fiktiven Räumen ablegen kannst, macht es Sinn, dass du diese verbildlichst oder mit anderen Begriffen assoziierst. Beispielsweise standest du bestimmt schon das ein oder andere Mal vor der Aufgabe, dir ein wichtiges Datum zu merken. Hierbei könntest du beispielsweise versuchen, dir die einzelnen Zahlen bildlich vorzustellen, da es meistens einfacher ist, sich Bilder anstatt Ziffern zu merken. Eine andere Möglichkeit ist es, eine kurze Szene oder Geschichte aus den Zahlen zu entwickeln. Willst du dir beispielsweise die Jahreszahl des Mauerfalls einprägen, also 1989, könntest du dir die folgende Szene vorstellen: Auf **einer** Mauer stehen **neun** Menschen, die auf die andere Seite der Grenze wollen. Allerdings wird vorerst nur **acht** von ihnen der Durchgang gewährt, sodass der **Neunte** alleine zurückbleibt. Auf diese Weise kannst du dir ganz einfach die entsprechenden Zahlen merken und sie dann wieder zu einem Datum zusammensetzen.

Ganz egal ob es sich um Daten, einzelne Begriffe oder ganze Informationszusammenhänge handelt, damit du diese gezielt im Gedächtnispalast abrufen kannst, macht es Sinn, diese auf eine beliebige Weise in Bilder oder Geschichten umzuwandeln, die du dir besser merken kannst.

Schritt 3: Laufe die Räume gedanklich ab

Anschließend musst du gedanklich nur noch die Räume deines Palastes ablaufen und die richtigen Bilder und Informationen zusammensuchen. Dabei solltest du dich insbesondere in der Anfangsphase nicht demotivieren lassen. Der Gedächtnispalast benötigt neben einem hohen Maß an Kreativität und Vorstellungskraft, ebenso Geduld und Training, damit du deine Merkfähigkeit ausbauen und verbessern kannst. Allerdings bietet diese Methode, sobald du sie verinnerlicht hast, eine sehr große Chance, deinen Lernerfolg nachhaltig zu verbessern, sodass das mühsam gelernte Wissen auch wirklich im Kopf bleibt.

Die Feynman Technik

Eine weitere Möglichkeit, die dir dabei helfen kann, das Wissen besser im Kopf zu behalten ist die Feynman Technik. Diese hilft dir insbesondere dabei, die Lernstoffe so zu durchdringen, dass du den Sinn dahinter verstehst und diese Informationen sich dementsprechend besser in deinem Gedächtnis festigen. Das Grundprinzip besteht darin, dass du den Lernstoff schrittweise vereinfachst, um ihn so besser zu verstehen. Auf diese Weise wirst du zu einem Experten auf dem entsprechenden Themengebiet. Indem du dir immer wieder selbst und anderen die Sachverhalte erklärst, manifestiert sich das Wissen letztendlich und du kannst es problemlos in der nächsten Prüfung, aber auch darüber hinaus, abrufen.

Die Feynman Technik ist nach dem Physiker Richard Feynman benannt. Dieser forschte jahrelang im Bereich der Quantenmechanik. In diesem Zusammenhang wurde ihm 1965 sogar ein Nobelpreis verliehen. Diese Technik steht aber nicht wirklich in Zusammenhang mit seinen Forschungsleistungen in der Physik, sondern vielmehr mit seinem Beruf des Lehrers. Im Zuge dessen merkte er schnell, dass er es auf der einen Seite liebte, andere Menschen an seinem Wissen teilhaben zu lassen. Auf der anderen Seite nahm er dabei aber auch wahr, dass er selber davon profitierte. Auf dieser Grundlage ist genau die Lernmethode entstanden, die wir heute unter der Feynman Technik kennen.

Als nächstes schauen wir uns im Detail an, wie auch du mit der Feynman Technik deinen Lernerfolg maximieren kannst.

Schritt 1: Thema festlegen

Zunächst stehst du vor der Aufgabe, dich auf ein Thema festzulegen. Schaue dir also deine Lernunterlagen an und konzentriere dich auf ein konkretes Thema. Diese sollte gegenüber anderen Inhalten abgrenzbar sein, sodass nicht das Risiko besteht, dass du zwischen verschiedenen Themengebieten hin und her wechselst. In diesem Zusammenhang eignet sich die Feynman Technik auch sehr gut dazu, um einzelne Modelle oder Theorien vollständig zu durchdringen.

Schritt 2: Notiere dein gesamtes Wissen

Als nächstes schnappst du dir ein Blatt Papier und einen Stift oder öffnest ein Word-Dokument auf deinem PC. Jetzt stehst du nämlich vor der Aufgabe wirklich alles zu deinem ausgesuchten Thema aufzuschreiben, dass du weißt. Stelle dir dabei vor, dass du das Thema einer anderen Person erklären willst, die selber noch nie etwas davon gehört hat. Versuche dabei auch alles in deinen eigenen Worten wiederzugeben und dich nicht zu sehr an der Sprache von Lehrbüchern oder Fachtexten zu orientieren, die du zuvor gelesen hast. Habe während des gesamten Prozesses immer im Hinterkopf, dass du diese Notizen nicht nur für dich selber machst, sondern einer anderen Person das Thema erklären willst. Auf diese Weise gehst du sicher, dass keine wichtigen Details auf der Strecke bleiben und du keine uneindeutigen Formulierungen wählst. Nutze in diesem Zusammenhang auch eigens kreierte Beispiele, um den Sachverhalt klar zu machen.

Schritt 3: Verbessere deine Wissenslücken

Im nächsten Schritt stehst du vor der Aufgabe deine Wissenslücken zu füllen. Schaue dir deine Notizen an und hinterfrage an welchen Stellen du dir unsicher warst oder wo sogar komplette Inhalte fehlen. Achte auch darauf, ob deine Erklärungen durchgehend logisch und verständlich sind oder ob es dir sogar selber schwerfällt deine eigenen Begründungen nachzuvollziehen.

Wenn du diese Wissenslücken identifiziert hast, weißt du an welchen Stellen du noch einmal nachlesen und recherchieren musst. Nachdem du dich noch einmal intensiv mit deinen Lehrbüchern oder den Skripten deiner Dozenten auseinandergesetzt hast, solltest du nun die Lücken in deinen Notizen füllen. Nachdem du deine Erklärung vervollständigt hast, solltest du allerdings noch einmal einen kritischen Blick darüber werfen und noch einmal hinterfragen, ob nun wirklich das gesamte Thema klar und verständlich erklärt wurde. Gegebenenfalls musst du noch einmal eine Recherche durchführen – so lange bis deine Notizen wirklich komplett und perfekt verständlich sind.

Schritt 4: Vereinfache dein Thema

Nun stehst du vor der Aufgabe dein Thema zu vereinfachen. Genau dieses Grundprinzip der Feynman Technik habe ich bereits zu Beginn schon einmal kurz angeschnitten. Schaue dir also deine Erklärung an und versuche sämtliche Fach- oder Fremdwörter durch gängige Alltagsbegriffe zu ersetzen. Nur auf diese Weise kannst du dafür sorgen, dass auch eine fremde Person ohne Vorwissen deine Notizen verstehen würde. Zudem führt dieser Schritt dazu, dass du dich noch einmal intensiv mit den Fachbegriffen auseinandersetzt und ihre Bedeutung hinterfragst. Wir neigen nämlich häufig dazu einfach Fachbegriffe zu übernehmen und diese auswendig zu lernen, ohne genau zu wissen, was sich hinter diesem Wort verbirgt. Selbstverständlich kommt der Schritt des Vereinfachens auch irgendwann an seine Grenzen. Versuche hier ein gutes Mittelmaß zu finden, wenn du kein Ende findest und immer weiter versuchst das Thema zu vereinfachen, kann dies zu inhaltlichen Ungenauigkeiten führen. Also, vereinfache gezielt deine Notizen aber hinterfrage dabei stets, ob der Sinn der gleiche geblieben ist.

Zum Abschluss noch einmal die geniale Lerntechnik im Überblick: Entscheide dich für ein Lernthema und schreibe sämtliches Wissen dazu auf. Achte dabei auf eine einfache Sprache und behalte das Ziel im Hinterkopf, dass du mit deinen Notizen einer fachfremden Person den Sachverhalt erklären willst. Evaluiere anschließend deine Notizen und identifizieren Wissenslücken und Schwachstellen. Verbessere deine Erklärung durch eine erneute Recherche zu deinem Thema und vereinfache diese abschließend, indem du sämtliche Fach- und Fremdwörter durch Alltagsprache ersetzt.

ABC Technik

Diese Taktik, um sich den Lernstoff besser merken zu können, ist eine sehr kreative Methode, die bereits bei Kindern im Grundschulalter eingesetzt wird. Allerdings kannst du mit der ABC Technik trotz ihres simplen Charakters auch bei komplexen Prüfungsinhalten große Erfolge erzielen. Dazu müssen wir aber zunächst einmal klären, was die ABC Technik überhaupt ist.

Am besten kannst du diese Technik, die auch unter dem Namen ABC Listen bekannt ist, mit dem altbekannten Spiel Stadt-Land-Fluss vergleichen. Demnach handelt es sich hierbei um eine Methode zur Assoziation, um dir auf kreative Weise die Lerninhalte besser merken zu können. In der Anwendung dieser Technik wählst du zunächst ein Thema aus und schnappst dir Zettel und Stift. Dann notierst du am linken Rand des Blattes das gesamte ABC von oben nach unten und nutzt dabei pro Zeile genau einen Buchstaben. Im Zweiten Schritt gehst du dann Zeile für

Zeile durch und schreibst zum jeweiligen Buchstaben einen passenden Begriff aus deinem zuvor gewählten Thema aus.

Auch wenn diese Methode im ersten Moment nicht geeignet für komplexe Themeninhalte erscheint und ein wenig chaotisch ist, bringen die ABC Listen eine Reihe an Vorteilen mit sich. Zum einen ist an dieser Stelle die einfache Umsetzung zu würdigen: Du benötigst keinerlei Vorbereitungszeit und kannst direkt loslegen. Zudem ist von Vorteil, dass du außer einem Stift und einem Zettel keinerlei Hilfsmittel brauchst. Außerdem kannst du dich durch die Anwendung der ABC Technik von alten Denkmustern distanzieren und wählst eine ganz neue Form der Assoziation für deine Lerninhalte. Zudem hilft die Zuordnung von Wissen zu sämtlichen Buchstaben des ABCs dabei, dass du wirklich alle Gedanken zu einem Thema sammelst und niederschreibst. Außerdem kannst du die Listen ständig erweitern und noch mehr Begriffe den einzelnen Buchstaben zuordnen. Eine so erstellte ABC Liste ist demnach die ideale Grundlage zur Prüfungsvorbereitung, da sie dir ermöglicht, innerhalb von kurzer Zeit große Mengen an Stoff spielerisch und kreativ zu wiederholen.

Schauen wir uns also noch einmal im Detail an, wie genau du die ABC Listen in deinen Lernprozess einbinden kannst. Im Zuge dessen habe ich nachfolgend eine übersichtliche Schritt-für-Schritt Anleitung für dich erstellt, mit der du die ABC Listen optimal in deinen Lernalltag implementieren kannst.

Schritt 1: Suche dir ein Thema

Wie bereits oben erwähnt, musst du dir zunächst überlegen, zu welchem Thema du eine ABC Liste erstellen willst. Dabei ist es weniger sinnvoll, dass du eine ganze Prüfung für das Fach „Buchhaltung“ als Thema wählst, sondern auf einzelne Unterthemen zurückgreifst. Dabei könnte es sich zum

Beispiel um einzelne Kapitel aus einem Buch oder um eine bestimmte Vorlesung handeln.

Schritt 2: Bereite deine ABC Liste vor

Suche dir ein leeres Blatt, welches mindestens die Größe eines DIN A4 Formates hat. Falls du noch größere Blätter hast eignen sich diese ebenfalls sehr gut dazu, um dein Wissen zu sammeln. Notiere nun die einzelnen Buchstaben des ABCs am linken Rand und achte dabei darauf, dass du nicht mehr als einen Buchstaben pro Zeile notierst. Wenn du bereits im Vorfeld weißt, dass es sich um ein extrem umfangreiches Thema handelt, könntest du auch überlegen einen Buchstaben immer für zwei Zeilen zu nutzen. Auf diese Weise hast du im nächsten Schritt die Möglichkeit noch mehr Wissenselemente zu notieren.

Schritt 3: Fülle die Liste mit Wissen

Jetzt gehst du die einzelnen Buchstaben durch und notierst einen oder mehrere Begriffe, die mit dem entsprechenden Anfangsbuchstaben beginnen. Hierbei hat sich der Tipp bewährt, dass es nicht unbedingt Sinn macht, die Liste von oben bis unten abzuarbeiten. Diese strenge Vorgehensweise vom A bis hin zum Z stoppt eher unsere kreative Denkweise. Versuche stattdessen locker die Liste durchzugehen und mache immer dort halt, wo du gerade einen Buchstaben findest, dem du noch keinen Begriff zugeordnet hast.

Schritt 4: Denke kreativ

Für eine erfolgreiche Nutzung der ABC Technik ist es extrem wichtig, dass du nicht zu verbissen an die Sache heran gehst. Lasse dich auch nicht davon irritieren, dass dir beim ersten Durchgang zu einigen Buchstaben absolut nichts einfallen will und zu anderen wiederum direkt fünf Begriffe oder mehr. Dieses Phänomen ist bei den ABC Listen vollkommen normal und liegt nicht zwangsläufig daran, wie intensiv du dich bisher mit deinem Thema auseinandergesetzt hast. Versuche dich in diesem Zusammenhang von den bekannten Konventionen zu distanzieren. Wenn bei deiner Liste am Ende 30 Begriffe bei dem Buchstaben B stehen und keiner bei dem Y ist das auch vollkommen in Ordnung. Wichtig ist, dass du verinnerlichst, dass diese Liste kein zwanghaftes, sondern ein wahnsinnig dynamisches Instrument darstellt, welches auf die individuelle Abwandlung auslegt ist.

Schritt 5: Schaffe neue Verbindungen

Natürlich solltest du auch bei Verwendung der ABC Listen konzentriert vorgehen. Allerdings kann es bei der Methode manchmal auch extrem hilfreich sein, wenn du deine Gedanken ein wenig schweifen lässt. Wenn du die einzelnen Buchstaben durchgehst, werden dir auch dutzende von Begriffen einfallen, die gar nichts mit dem Thema zu tun haben. Verdränge solche Gedanken nicht und lasse sie zu, da diese eine enorme Chance für deinen Lernprozess darstellen. Auf diese Weise hast du nämlich die Möglichkeit dein Wissen ganz neu zu verbinden und neue Verknüpfungen zu erstellen, die den Lernstoff festigen. Auf diese Weise gelingt es dir zudem besser, das Wissen zu einem späteren Zeitpunkt einfacher wieder abrufen zu können.

Nachdem du jetzt alle nötigen Informationen hast, um selber die ABC Technik durchführen zu können, möchte ich dir noch kurz einige Anregungen mit auf den Weg geben, wie du die Listen konkret für deine Prüfungsvorbereitung nutzen kannst. Beispielsweise ist es möglich, diese Methode für den Einstieg in ein Thema zu nutzen. Bevor du dich intensiv mit einer neuen Thematik auseinandersetzt kannst du im Rahmen der ABC Technik eine Art Brainstorming durchführen. An dieser Stelle sammelst du einfach sämtliche Informationen, die dir unmittelbar zum Thema einfallen. Auf diese Weise bereitest du dein Gehirn auf die spätere detaillierte Auseinandersetzung mit dem Lernstoff vor.

Besonders geeignet ist die ABC Technik zum Sammeln von Lerninhalten. Bevor du dich mit dem Auswendiglernen und Wiederholen des Lernstoffs auseinandersetzen kannst, musst du sämtliche Inhalte zusammensammeln. Genau für diesen Schritt kannst du mit der ABC Methode schnell und einfach alle wichtigen Informationen auf ein Blatt Papier bringen. Ähnlich kannst du dieses Prinzip auch auf einzelne Mitschriften zu deinen Vorlesungen anwenden. Wenn du dir während einer Vorlesung besonders viel selber notiert hast, kannst du diese Informationen auch in einer ABC Liste sammeln und die Zusammenhänge so noch einmal verinnerlichen.

Nachdem du die Listen erstellt hast, kannst du diese ideal für die Wiederholung des Lernstoffes nutzen. Nur wenn du dich regelmäßig mit den Lerninhalten auseinandersetzt, kannst du diese später aus deinem Langzeitgedächtnis abrufen. Außerdem kannst du während der Wiederholungsphase auch neue ABC Listen erstellen und diese mit deinen bestehenden Listen abgleichen. Auf diese Weise erkennst du auf einen Blick, wo noch Wissenslücken bestehen oder ob du sogar noch neue Zusammenhänge und Verbindungen gefunden hast. Letztlich bieten dir die so erstellen Listen einfach einen extrem guten Überblick. In einigen Fächern und Modulen wirst du quasi von einer Flut an Informationen überrollt, sodass es nicht immer einfach ist, den Überblick zu behalten. Die ABC Listen helfen dir dabei auch für komplexe Themen eine gute Übersicht mitsamt kreativen Verknüpfungen zu erstellen.

Doch was vergessen?

Auch wenn wir uns die größte Mühe während des Lernens geben, ist es vollkommen normal, dass wir uns nicht alles merken können. Im Folgenden werfen wir aus diesem Grund einen Blick auf die Ursachen, die dafür sorgen, dass du Dinge wieder vergisst. Nachdem wir das geklärt haben, gebe ich dir selbstverständlich noch Tipps mit an die Hand, mit denen du dieses Problem minimieren kannst.

Im ersten Schritt ist es allerdings wichtig, dass du selber akzeptiert, dass es normal ist, etwas zu vergessen. Lasse dich davon nicht herunterziehen und hinterfrage nicht direkt deinen gesamten Lernprozess – es geht wirklich jedem von uns so. Damit wir uns besser auf die Lösungen für dieses Problem konzentrieren können, schauen wir uns an, was es überhaupt heißt Lerninhalte zu vergessen. Dabei können nämlich grundlegend zwei Arten des Vergessens unterschiedenen werden.

Wenn Informationen die in dein Ultrakurzzeitgedächtnis oder das Kurzzeitgedächtnis gelangen nicht weiterverarbeitet werden, gehen diese Inhalte vollständig verloren. An Lerninhalte, die nicht die nächste Gedächtnisstufe erreichen, kannst du dich auch durch große Anstrengungen nicht mehr erinnern, da die Informationen quasi für immer gelöscht werden. Damit geht auch einher, dass diese Art des Vergessens eine große Bedrohung für deinen Lernprozess darstellt. Allerdings liegt die Ursache für diese Form des Vergessens in erster Linie an einer falschen Lerntechnik, beziehungsweise daran, dass du die Inhalte nicht wiederholst und sie aus diesem Grund nicht die nächste Gedächtnisstufe erreichen und dort langfristig abgespeichert werden können.

Allerdings besteht auch die Möglichkeit, dass du dich an Inhalte, die es in dein Langzeitgedächtnis geschafft haben, nicht mehr erinnern kannst. Diese Informationen sind aber keinesfalls vollständig verloren gegangen. Die Ursache, warum du dich an diese Lerninhalte nicht mehr erinnern kannst, besteht darin, dass diese von anderen Informationen überlagert werden. Das Gute hierbei ist, dass du dich durch intensives Nachdenken, Wiederholen und Verknüpfen der Inhalte wieder an diese erinnern kannst. Du musst den Lernstoff in deinem Gedächtnis einfach nur wiederfinden. Unter Umständen kann es hierbei auch passieren, dass du dich von ganz alleine ohne Anstrengungen wieder daran erinnern kannst, da dein Gehirn merkt, dass die Informationen, die den Lerninhalt überlagern, in diesem Moment weniger wichtig sind.

Aus diesen beiden Formen können wir die Erkenntnis ableiten, dass das Vergessen also weniger darauf zurückzuführen ist, dass Inhalte in deinem Gedächtnis verblassen. Viel mehr liegt die Ursache darin, dass unser Gehirn nicht genutzte Informationen aktiv aussortiert. Dies ist daher in erster Linie eine sinnvolle Funktion unseres Körpers, die dafür sorgt, dass wir uns an die Veränderungen der Umwelt anpassen können und unser Gedächtnis vor einer Überforderung durch zu viele Informationen schützt. Damit geht auch einher, dass du für das Wiederlernen von Inhalten, die du bereits einmal vollständig verinnerlicht hast, wesentlich weniger Aufwand betreiben musst als für das Neuerlernen von Inhalten. Dies ist darauf zurückzuführen, dass diese bereits irgendwo in deinem Langzeitgedächtnis gespeichert sind und du sie nur wieder an das Tageslicht bringen musst.

Die Lernkapazität ausloten

Einer der Hauptgründe dafür, dass Informationen nicht bis in das Langzeitgedächtnis gelangen oder dort von anderen Inhalten überdeckt werden, liegt in der falschen Lernkapazität. Demnach ist das Festlegen einer angemessenen Lernstoffmenge essentiell für den Erfolg deiner Behaltensleistung.

In diesem Zusammenhang ist es interessant, dass es für unser Gehirn sehr schwer ist, an einem Stück große Blöcke an Lerninhalten aufzunehmen. Beispielsweise stellte Kugemann dabei heraus, dass du dir sechs sinnfreie Silben, die aufeinander folgen in der Regel bereits nach einem einzigen Lerndurchgang merken kannst. Verdoppelt man die Anzahl der Silben auf zwölf, benötigst du bereits in etwa 17 Durchgänge, um dir diese merken zu können. Bei 24 sinnfreien Silben, sind es dann bereits 44 Durchgänge, damit du diese verinnerlichen kannst. Auch wenn es sich hierbei nur um grobe Richtwerte handelt, zeigt sich, wie schwierig es ist, in einem Stück große Lernmengen aufzunehmen.

Diesem Problem kannst du allerdings gezielt entgegenwirken, indem du das Lernmaterial in einzelne Abschnitte oder Themenblöcke aufteilst. Durch diese Aufteilung der Informationen kannst du die Anzahl an benötigten Lerndurchgängen immens reduzieren. Daraus leitet sich ab, dass du im gleichen Zeitraum wesentlich effektiver lernen kannst, wenn du den Lernstoff in einzelne Päckchen einteilst.

Die richtige Tiefe beim Wiederholen von Themen

Eines der effektivsten Mittel, um dem Vergessen entgegenzuwirken ist das richtige Wiederholen der Lerninhalte. Dabei ist Wiederholen aber längst nicht gleich Wiederholen. Denn auch hierbei können wir grundlegend zwischen zwei verschiedenen Varianten unterscheiden, die sich in ihrer Tiefe unterscheiden.

Auf der einen Seite hast du die Möglichkeit, die Informationen flach zu wiederholen. Diese Variante kannst du dir am besten als mechanische Wiederholungsarbeit vorstellen. Damit ist gemeint, dass du Informationen wiederholst, ohne etwas daran zu verändern. Diese Form der Wiederholung wendest du beispielsweise beim Auswendiglernen von Vokabeln an, da du hierbei einfach immer und immer wieder die Wörter durchgehst, ohne Veränderungen daran vorzunehmen. Demgegenüber kannst du bei vielen Lerninhalten durch eine tiefe Wiederholung wesentlich größere Erfolge in der Behaltensleistung erzielen. Bei dieser Variante gehst du die Informationen noch einmal durch und betrachtest sie sozusagen von einer anderen Seite. Beispielsweise kannst du den Lernstoff durch ein Schaubild visualisieren und den Zusammenhang so optisch noch einmal auf eine andere Weise darstellen. Zudem kannst du eine tiefe Wiederholung ebenso realisieren, indem du einen Text mit deinen eigenen Worten wiedergibst. Auch wenn diese Variante im Gegensatz zu einer flachen Wiederholung wesentlich zeitaufwendiger ist, handelt es sich hierbei um die effektivere Form.

Allerdings solltest du bei jedem Lernstoff individuell entscheiden, welche Form der Wiederholung sinnvoller erscheint, sodass du eine Art Kosten-Nutzen-Rechnung aufstellst. Dabei macht es beispielsweise beim zuvor erwähnten Vokabelbeispiel in der Regel keinen Sinn auf kreative Möglichkeiten der tiefen Wiederholung zurückzugreifen. Geht es hingegen um einen Fachartikel, in dem zum Beispiel ein komplexes Modell erklärt wird, lohnt sich in den meisten Fällen der Aufwand, die Informationen noch einmal aus einer anderen Perspektive zu betrachten.

Grundsätzlich kannst du dich dabei an die Faustregel halten, dass du besonders wichtige Lerninhalte so tief wie möglich wiederholen solltest. Auf diese Weise reduzierst du das Risiko die Informationen wieder zu vergessen auf ein Minimum. Zudem macht es im Hinblick auf die zeitlichen Abstände zwischen den einzelnen Wiederholungen Sinn, diese immer weiter auszuweiten. Während du den Lernstoff die ersten Male nach wenigen Stunden wiederholst, kannst du diesen Zeitraum schrittweise auf Tage, Wochen oder sogar Monate ausdehnen. Letztlich solltest du in diesem Zusammenhang auch primär den Stoff wiederholen, den du vergessen hast. Wenn du immer wieder Informationen wiederholst, die du bereits verinnerlicht hast, verlierst du schnell deine Motivation. Zudem liefert das Wiederholen von Inhalten, die du bereits beherrscht keinen wirklichen Mehrwert und verursacht daher eher einen Zeitverlust, sodass du diese Zeit besser für andere Dinge nutzen kannst.

Trick: Der Zettelkasten

Auch wenn wir festgehalten haben, dass die tiefe Wiederholung in der Regel sinnvoller und effektiver ist, gibt es nach wie vor Lerninhalte bei denen du mit einer flachen Wiederholung die größten Erfolge erzielen kannst. Insbesondere zum Wiederholen von Vokabeln, Daten, Formen und Rechtsvorschriften ist diese Variante der Wiederholung zumeist die beste Wahl. Vielleicht hast du in diesem Zusammenhang schon einmal vom Zettelkasten gehört. Dabei handelt es sich um ein sehr simples, aber zugleich effektives Instrument, welches dir das Auswendiglernen und Wiederholen von Informationen erleichtern kann.

Der Zettelkasten ist hierbei keine Metapher für eine Lerntechnik, sondern beschreibt wirklich einen Kasten. Du kannst entsprechende Modelle in Schreibwarengeschäften und online kaufen. Allerdings lässt sich so ein Kasten auch mit wenigen Mitteln in kurzer Zeit selber zusammenbasteln. Dazu brauchst du nur eine rechteckige Schachtel, die im Idealfall 30cm lang, 11cm breit und in etwa 5cm hoch ist. Wichtig ist nun die Aufteilung im Inneren dieser Box. Hier benötigst du fünf Fächer, die immer größer werden, beispielsweise eignen sich dazu die folgende Aufteilung: Fach 1: 1cm, Fach 2: 2cm, Fach 3: 5cm, Fach 4: 8cm und

Fach 5 mit 14cm. Nachdem du einen solchen Kasten gekauft oder selber hergestellt hast, benötigst du lediglich Zettel, im Idealfall Karteikarten, die in die Box passen und dann kann es schon los gehen.

Im allerersten Schritt musst du selbstverständlich die Karteikarten entsprechend beschriften und deine Lerninhalte darauf bringen. Hierbei ist es sinnvoll, wenn du auf der Vorderseite deiner Karten Fragen, einzelne Gesetzesparagraphen oder Schlagwörter notierst. Auf der Rückseite der Karte formulierst du dann die entsprechenden Antworten und Lösungen. Nun werden zunächst sämtliche Karten im ersten Fach deines Zettelkastens gesammelt.

Im nächsten Schritt beginnt die eigentliche Wiederholung. Schaue dir dazu die Vorderseite einer Karte an und versuche die richtige Lösung zu finden. Wenn du dich an die richtige Erklärung erinnern kannst, ohne auf die Rückseite der Karte zu schauen kannst du den Zettel in das zweite Fach deiner Box legen. Kannst du dich nicht mehr an die Lösung erinnern, schaue dir die Erklärung auf der Rückseite der Karte an und stecke sie wieder in das erste Fach des Kastens. Am nächsten Tag widmest du dich erneut den Karten, die noch in der ersten Abteilung deiner Box verblieben sind. Dabei ist die Vorgehensweise die gleiche: Wenn du die Antwort kennst, kannst du die Karteikarte in das zweite Fach legen, kennst du diese nicht verbleibt der Zettel erneut im ersten Fach deiner Box.

Anschließend legst du beispielsweise den ersten Tag jeder Woche fest, um dich den Karteikarten im zweiten Fach zu widmen. Das Prinzip hierbei ist in etwa das gleiche wie zuvor: Wenn du die Lösung der Karte kennst, ohne auf die Rückseite zu schauen, kannst du die Karte in das dritte Fach stecken. Kannst du dich hingegen nicht mehr an die richtige Antwort erinnern, wird die Karte wieder zurück in das erste Fach (nicht das

Zweite!) gesteckt. Demnach ist es das Ziel dieser Zettelkasten Methode, dass du alle Karten in die fünfte Abteilung bekommst. Auf diese Weise ist die Wahrscheinlichkeit, dass du dich auch im Anschluss an das Lernen noch an die Inhalte der Karten erinnern kannst, extrem hoch, da du die Inhalte fünf Mal fehlerfrei wiedergeben konntest und die Lösungen durch die Wiederholungen verinnerlicht hast.

Neben dem Vorteil, dass der Zettelkasten eine verhältnismäßig kreative Variante des flachen Lernens ist, vermeidest du auf diese Weise das übermäßige Auswendiglernen und Wiederholen von Informationen, die du bereits kennst. Dadurch verlierst du nicht so schnell die Motivation und hast stattdessen ständig den Anreiz im Hinterkopf alle Karteikarten endlich in die letzte Abteilung deines Zettelkastens zu bekommen. Wenn du nicht der Typ für den Umgang mit Karteikarten bist und stattdessen lieber online lernst, kannst du diese Methode trotzdem für dich nutzen. Im Internet gibt es mittlerweile zahlreiche Online Lösungen und Tools, die das Prinzip des Zettelkastens nutzen. Schaue dich dort einfach mal um und gib der Methode eine Chance.

Wie du dir einen Lernplan erstellst – das richtige Zeitmanagement

Wohl einer der wichtigsten Schritte, um die vorherigen Tipps und Techniken richtig anwenden zu können, ist die Erstellung eines optimalen Lernplans. Auch in den vorherigen Kapiteln habe ich bereits an der ein oder anderen Stelle angedeutet, wie wichtig ein gutes Zeitmanagement für deinen Lernerfolg ist. Allerdings ist es an dieser Stelle Zeit dafür, sich mit der Umsetzung auseinanderzusetzen.

Zuerst sollten wir uns dabei mit einigen Begrifflichkeiten rund um das Thema Zeitmanagement auseinandersetzen. In diesem Zusammenhang werden nämlich häufig die Wörter Zeitmanagement auf der einen Seite sowie auf der anderen Seite der Begriff Selbstorganisation aufgegriffen. Beide sind eng miteinander verbunden und essentiell für die Strukturierung von Lernen und Arbeiten.

Zeitmanagement bedeutet konkret, dass du die Kontrolle über deine eigene Zeit hast und dir die Arbeit entsprechend sinnvoll einteilen kannst, anstatt dich von deiner Zeit und Arbeit kontrollieren zu lassen. Selbstorganisation bedeutet auf der anderen Seite, dass du die Fähigkeit darüber besitzt dich und deine Fähigkeiten selbst zu organisieren. Du sollest deine Ziele selbstbestimmt verwirklichen und dich auf diesem Weg nicht von anderen Menschen und ihren Erwartungshaltungen beeinflussen lassen. Eine gute Selbstorganisation hilft dir außerdem dabei, dass du eigenständig aus deinen Fehlern lernen kannst.

Im Hinblick auf ein gutes Zeitmanagement und eine exzellente Selbstorganisation gehört es zu den grundlegenden Voraussetzungen, dass du versuchst dich auf deine Stärken zu konzentrieren und diese auszubauen. Wenn du beispielsweise bereits eine gute Konzentrationsfähigkeit, auch bei monotonen Lerninhalten besitzt, versuche diese Kompetenz gezielt zu nutzen. Frage dich ganz bewusst, welche Stärken du für eine Optimierung deines Zeitmanagements nutzen kannst, um letztlich deinen Lernerfolg zu maximieren.

Erst in einem zweiten Schritt solltest du einen Blick auf deine Schwächen werfen und überlegen durch welche Taktiken und Mittel du diese eliminieren kannst. Allerdings lege ich dir in diesem Zusammenhang wirklich ans Herz den Fokus auf deine Stärken und nicht auf deine Schwächen zu legen. Niemand von uns ist perfekt, aus diesem Grund ist es auch nicht notwendig zu versuchen, sämtliche deiner Schwächen zu beseitigen – zumal das ohnehin nicht möglich wäre. Es ist ein Teil deiner Persönlichkeit, dass du in einigen Dingen besser bist als in anderen. Schaue dir deshalb in einem nachgelagerten Schritt deine Schwächen ganz genau an und überlege welche davon dich wirklich in deinem Zeitmanagement und Lernprozess behindern. Genau an diesen Knotenpunkten kannst du dann effektiv arbeiten, um deinen Lernerfolg zu maximieren.

Erstelle deinen persönlichen Lernplan

Nachdem wir uns mit den Grundlagen des Zeitmanagements auseinandergesetzt haben, geht es nun an die Erstellung des eigentlichen Lernplans. Dabei möchte ich dich grundsätzlich auf die Vorteile der Nutzung eines solchen Plans hinweisen. Selbst wenn du von dir behaupten kannst, dass du ein gutes Zeitmanagement und gute Fähigkeiten in der Selbstorganisation hast, bringt der Lernplan deine Arbeitsweise noch einmal auf ein ganz neues Level. Dabei ist ein spezieller Nebeneffekt von enorm großer Bedeutung: Du nimmst dir selber den Druck während der Prüfungszeit, da du anstatt kurzfristig extrem viele Inhalte zu lernen, deinen Lernstoff auf lange Sicht einteilst, um diesen bis zur Prüfung perfekt zu beherrschen. Auf diese Weise kannst du zudem positive Effekte im Hinblick auf Lernhemmungen und Prüfungsangst erzielen, da der Lernplan dir die Sicherheit gibt, dass du genügend Zeit hast, um sämtliche Lerninhalte ausführlich aufzubereiten.

Neben dem Vorteil auf diese Weise Stress zu vermeiden, kannst du dir insgesamt einen viel besseren Überblick verschaffen. So weißt du schon zu Beginn eines Jahres oder eines Semesters wann wichtige Prüfungen auf dem Plan stehen. Gleichzeitig siehst du so immer auf einen Blick welches die wichtigen Themen sind und kannst entsprechend wesentlich effizienter und fokussierter an deinen Lernalltag herantreten. Durch die langfristige Auslegung des Lernplans stellst du sicher, dass du genügend Zeit zum Lernen hast. Zudem kannst du auf diese Weise auch frühzeitig Probleme identifizieren und hast genügend Puffer, um dir gegebenenfalls Hilfe von außen einzuholen. Letztlich vermeidest du mit dem Lernplan natürlich auch terminliche Überschneidungen zwischen Privat- und Arbeits- beziehungsweise Schulleben. Durch die verbesserte Planung und Aufteilung deiner Lerninhalte umgehst du außerdem das Risiko während der Prüfungsphase unter Schlafmangel zu leiden, da du nicht mehr stundenlang in die Nacht lernen musst. Letztlich ermöglicht dir die detaillierte Planung deiner Lerninhalte, dass du für mehrere Prüfungen parallel lernen kannst, ohne dabei den Überblick zu verlieren. Zudem zeigt sich, dass du durch einen Lernplan und selbstverständlich dessen Einhaltung deutlich bessere Noten erzielen kannst.

Nachdem wir eindeutig festgestellt haben, wie enorm hilfreich ein Lernplan für deinen Lernerfolg ist, kommen wir nun zur eigentlichen

Erstellung. Dabei ist das Festlegen eines solchen Plans keinesfalls kompliziert. Allerdings ist es am einfachsten, wenn du dich an die folgende Schritt-für-Schritt-Anleitung hältst, damit du kein Element vergisst und deinen individuellen, perfekten Lernplan erstellen kannst.

Schritt 1: Wofür willst du lernen?

Im ersten Schritt musst du dir überlegen, was du mit deinem Lernplan erreichen willst. In erster Linie geht es dabei darum, dir eine Prüfung rauszusuchen, auf die du dich mit deinem Plan vorbereiten willst. Da sich beispielsweise die Vorbereitung auf eine schriftliche Klausur oder eine mündliche Prüfung stark unterscheidet, ist es generell sinnvoll, für jede Prüfung einen individuellen Lernplan zu erstellen. Auch wenn sich dabei die Struktur höchstwahrscheinlich ähneln wird, können sich die Zielsetzungen oder die Wiederholungen und Meilensteinen stark voneinander unterscheiden.

Schritt 2: Verschaffe dir einen Überblick

Bevor du den Plan aufstellen kannst, musst du dir selbstverständlich einen Überblick über deine aktuelle Situation verschaffen. Im Zuge dessen macht es Sinn, wenn du dir zu den folgenden Fragen stichpunktartig Notizen machst, um diese Informationen anschließend mit in deinen Lernplan einbinden zu können.

Informiere dich also, wann die Prüfung stattfindet und wie viel Zeit dir bis dahin noch bleibt. Achte in diesem Zusammenhang auch darauf, ob es Zeiten gibt, in denen du andere wichtige Verpflichtungen hast, sodass du diese nicht zum Lernen nutzen kannst. Hierzu gehört beispielsweise auch ein bereits geplanter Urlaub, den du entsprechend nicht zum Lernen nutzen kannst oder willst. Verschaffe dir zudem einen Überblick darüber, was du bereits für die Prüfung erledigt hast oder mit welchen Inhalten du dich schon auseinandergesetzt hast. Im Umkehrschluss solltest du dir in diesem Atemzug auch überlegen, was du alles noch bis zur Prüfung tun musst. Hinterfrage zudem, ob du noch weitere Informationen zu der Prüfung an sich einholen kannst. Beispielsweise gibt es in vielen Studiengängen die Möglichkeit auf Altklausuren zugreifen zu können, die dir einen guten Anhaltspunkt für den Aufbau und den Inhalt deiner Klausur liefern können. Letztlich solltest du an dieser Stelle bereits zeitliche Überschneidungen mit anderen wichtigen Projekten oder Prüfungen identifizieren, sodass du diese in deiner Planung berücksichtigen kannst.

Schritt 3: Lege dein Lernziel fest

Wir haben zu einem früheren Zeitpunkt in diesem Buch bereits einmal kurz über die Relevanz von Zielen gesprochen. Auch für deinen Lernplan solltest du klare Ziele festlegen, die dafür sorgen, dass du nie den roten Faden verlierst und deine Motivation möglichst aufrechterhalten bleibt.

Dabei tauchen selbstverständlich primär die Fragen auf, wie die Prüfung ablaufen soll und welche Note du mit deinem Lernplan erreichen willst. Allerding solltest du nicht nur das Endergebnis deines Lernplans mit Zielen versehen. Mache dir auch Gedanken über den eigentlichen Lernprozess. Wie soll dieser ablaufen und wie willst du dich währenddessen fühlen? Hast du in der Vergangenheit vielleicht Fehler in deiner Lernphase gemacht, die du bei dieser Prüfungsvorbereitung unbedingt vermeiden willst?

Auch wenn es sich hierbei nur um Anhaltspunkte handelt, die dir dabei helfen sollen, deine individuellen Lernziele festzulegen, ist es wichtig, dass du diesem Schritt genügend Aufmerksamkeit und Arbeit widmest. Ich weiß aus eigener Erfahrung, dass viele Meschen dazu neigen, diesen Schritt zu umgehen, oder ihr Lernziel lautet, die Prüfung zu bestehen. Mit dieser Einstellung stehst du dir allerdings nur selber im Weg. Es ist für deinen Lernerfolg wirklich enorm wichtig, dass du dich durch selbstgesetzte Ziele motivierst und dir so eine Richtung vorgibst. Nimm dir an dieser Stelle dementsprechend genügend Zeit und notiere dir schriftlich (!) welche Ziele du mit deinem individuellen Lernplan erreichen willst. Erst dann machen wir mit dem nachfolgenden Schritt weiter.

Schritt 4: Sammle alle Unterlage zusammen

Jetzt geht die eigentliche Arbeit los: Du sammelst an dieser Stelle sämtliche Unterlage zusammen, die für deine Prüfung relevant sind. Wenn du noch viel Zeit bis zur Prüfung hast, beziehungsweise dich noch früh im Semester befindest, reicht es natürlich, wenn du die Inhalte zusammenträgst, die ihr bis dahin behandelt habt.

Das Ziel dieses Schrittes ist es, dass du dir einen Überblick über den Umfang und die Struktur der prüfungsrelevanten Inhalte verschaffst. Damit schaffen wir die Voraussetzung dafür, dass du den Lernstoff im Anschluss gezielt aufbereiten und lernen kannst. Damit du die Struktur der Inhalte besser durchdringen kannst, kannst du beispielsweise Inhaltsverzeichnisse zu einzelnen Texten oder Themengebieten anfertigen. Als Student macht es außerdem Sinn eine Art Vorlesungsübersicht zu erstellen, in der du dir notierst, welche Themen in welcher Vorlesungsstunde bearbeitet wurden. Zudem solltest du darüber nachdenken eine Literaturliste zu führen, in der du sämtliche Bücher und Artikel notierst, die relevant für deine Prüfung sind. Mache dir an dieser Stelle dann kurz Notizen, welche Informationen in welchem Werk zu finden sind. Damit erleichterst du dir das spätere Abrufen und Wiederholen der Informationen enorm.

Auch wenn es sich dabei nur um hilfreiche Tipps und Tricks handelt, ist es wichtig, dass du nach der Sichtung deiner Lerninhalte, diese für dich sinnvoll strukturierst. Am Ende dieses Schrittes solltest du einen vollständigen Überblick über den Lernstoff haben, und diesen dahingehend in eine Reihenfolge gebracht haben, dass diese einem logischen Aufbau folgt.

Schritt 5: Bestimme Themenblöcke

Nachdem du die Lerninhalte in eine logische Reihenfolge gebracht hast, ist es an der Zeit Themenblöcke zu bilden. Dabei ist es nicht das Ziel, dass du einzelne Kapitel aus Lehrbüchern oder Teile einer Vorlesung als Themenblock verwendest. Vielmehr solltest du genau diese Aspekte zusammenfassen und so neue, übergeordnete Themenblöcke kreieren.

Der Grund hierfür ist die bekannte Theorie, die wir bereits in einem vorherigen Kapitel behandelt haben, dass es für unser Gehirn einfacher ist den Lerninhalten in zusammengefassten Blöcken aufzunehmen, anstatt sämtliche Informationen separat zu lernen. In diesem Schritt triffst du also die Vorarbeit für das spätere Lernen. Auch hier eignen sich ganz einfache Listen als Hilfsmittel. Notiere dazu in der einen Spalte den Themenblock und liste dann in der Spalte daneben sämtliche Lernmaterialien auf, die zu dieser Thematik passen.

Dabei kann ein Themenblock beispielsweise ganze Vorlesungen oder zumindest Teile davon beinhalten. Gleichzeitig findest du vielleicht einzelne Kapitel in Lehrbüchern die inhaltlich dazu passen. Zudem kannst du auch Übungsaufgaben und einzelne Prüfungsaufgaben aus Altklausuren zu einem Themenblock zuordnen. Gleiches gilt selbstverständlich für Teile des Skriptes deiner Dozenten oder einzelne Fachartikel, die dein Wissen vertiefen können. Wichtig ist lediglich, dass du, nachdem du einen Themenblock definiert hast, wirklich einmal sämtliche Lernunterlagen durchgehst, damit du sicherstellen kannst, dass dir nicht wichtige Informationen zu einem Themengebiet verloren gehen.

Auch wenn dieser Schritt im ersten Moment nach einem Mehraufwand aussieht, schaffst du auf diese Weise eine Struktur, die dir die Prüfungsvorbereitung enorm erleichtert. Wie viele Themenblöcke du dabei erstellen musst, hängt ganz individuell davon ab, auf welche Prüfung du dich vorbereitest. Bei einigen Themen kann man sämtliche Inhalte so gut zusammenfassen, dass du nur vier oder fünf Blöcke benötigst. Bei anderen Themen wiederum kann deine Liste mit Themenblöcke auch schnell mal auf 40 ansteigen. Zwinge dich also nicht dazu, den Inhalt auf möglichst wenig Blöcke zu reduzieren. Viel wichtiger ist es, dass deine Einteilung sinnvoll ist und du Themen logisch zusammenfasst.

Schritt 6: Lege Aktivitäten fest

Der sechste Schritt ist sozusagen der inhaltliche Kern auf dem Weg deinen individuellen Lernplan zu erstellen. Hier legst du deine Lernaktivtäten fest, die dir dabei helfen sollen, deine Lernziele zu erreichen und letztlich den ganzen Lernstoff in dein Gedächtnis zu bringen.

Dabei ist dir auf der Grundlage dieses Buches wahrscheinlich bereits klar, dass Lernen in diesem Kontext nicht gleich Lernen ist. Es gibt unterschiedliche Möglichkeiten, mit denen du die Informationen aufnehmen und verarbeiten kannst. Dazu gehört beispielsweise das reine Lesen von Texten oder diese zusammenzufassen. Die Lernaktivitäten beinhalten ebenso das Wiederholen von Informationen und diese auswendig zu lernen. Letztlich gehören auch Aktivitäten wie recherchieren, analysieren, Fehler suchen und vieles mehr zum Oberbegriff des Lernens.

Auch wenn wir im Alltag sämtliche dieser Aktivitäten als Lernen bezeichnen, gibt es große Unterschiede bezüglich des Effektes oder des Lernerfolgs, den du mit diesen Maßnahmen erzielen kannst. So macht es beispielsweise einen extremen Unterschied, ob du das 100 seitige Skript deines Professors liest oder dieses auswendig lernst. Deshalb solltest du dir bei der Erstellung deines Lernplans über die unterschiedlichen Lernaktivitäten bewusst sein und diese gezielt in deinen Lernprozess einbinden.

Überlege dir also zunächst welche Lernaktivitäten du für das Durcharbeiten der Lerninhalte für deine nächste Prüfung brauchst oder anwenden willst. Danach wirfst du einen Blick auf die Liste mit deinen Themenblöcken und ordnest die Lernaktivitäten diesen sinnvoll zu. Dadurch wird die Liste mit deinen Themenblöcke mit weiteren Details versehen, die einer To-Do Liste gleichen. Auf diese Weise arbeitest du dich immer näher an den eigentlichen Lernplan heran.

Beispielhaft habe ich zuvor angeführt, dass in einem Themenblock eine ganze Vorlesung und einzelne Kapitel eines Buches enthalten sein können. Wenn du diese mit Lernaktivitäten verknüpfst, könnten deine Aufgaben bei der Vorlesung beispielsweise Mitschrift lesen, Mitschrift zusammenfassen, Zusammenfassung mit dem Skript des Dozenten vergleichen und ergänzen und Mitschrift/ Zusammenfassung lernen beinhalten. Bei einem Kapitel aus einem Lehrbuch könnten die Aufgaben ähnlich aussehen, beispielsweise Kapitel 5 lesen, Kapitel 5 zusammenfassen und anschließend Kapitel 5 lernen.

Hinterfrage bei der Zuordnung der Lernaktivitäten zu den Themenblöcken, welche Aufgaben hier wirklich sinnvoll und notwendig für dich sind, um den Inhalt aufzuarbeiten. Bei komplizierten Fachtexten macht es beispielsweise häufig Sinn, nach dem Lesen noch den Schritt des Textmarkierens einzufügen. Allerdings ist dieser Schritt sehr individuell und hängt stark von dir und deinen Lernpräferenzen ab.

Schritt 7: Schätze den zeitlichen Aufwand

Nachdem du alle Themenblöcke festgelegt hast und diese mit Lernaktivitäten verknüpft hast, steht die eigentliche Planung an der Reihe. Dafür musst du für jede deiner Lernaktivitäten den ungefähren zeitlichen Aufwand bestimmen. Im Zuge dessen ist es zudem sinnvoll, dass du dir eine Deadline setzt, bis zu der du die Aufgabe spätestens erledigen willst.

Ich weiß aus eigener Erfahrung, dass es insbesondere zu Beginn, beziehungsweise im Vorfeld an die Lernphase, extrem schwierig ist den zeitlichen Aufwand für die einzelnen Aufgaben abzuschätzen. Damit deine zeitlichen Schätzungen nicht zu grob werden und dementsprechend dann nur wenig hilfreich sind, versuche dich auf eigene Erfahrungswerte zu stützen. Außerdem kannst du andere Schüler und Kommilitonen, auch aus älteren Semestern fragen, wie lange es ungefähr dauert, das Skript von Professor XY durchzuarbeiten. Häufig ist es im Studium so, dass jeder Dozent sein Fach als das wichtigste verkaufen will und dementsprechend einen extrem hohen Workload angibt, der angeblich zur Prüfungsvorbereitung notwendig ist. Selbstverständlich stimmt dies in einigen Fällen, allerdings kann man sich häufig auch von anderen Studenten Tipps und Tricks einholen oder einfache nur eine realistische Einschätzung, die den Lernprozess entspannt und einfacher macht.

Grundsätzlich solltest du bei der zeitlichen Planung eher eine pessimistische Haltung einnehmen. Es ist immer besser, wenn du zu viel Zeit für eine Lernaktivität einplanst, als zu wenig. Im Eifer des Gefechtes neigen wir häufig dazu uns voller Motivation zu hohe Ziele zu setzen, die absolut unrealistisch sind. Auch wenn du dich enthusiastisch an den Schreibtisch begibst, wirst du es nicht schaffen, dein Ziel ein ganzes Lehrbuch mit 500 Seiten an einem Tag zu lesen, einzuhalten. Somit hat das Festsetzen von zu hohen Zielen gleich zwei negative Auswirkungen: Durch das Nichterrei-chen dieser Vorhaben kommst du extrem schnell in den zeitlichen Verzug und kannst deinen Lernplan schon nach wenigen Tagen nicht mehr ein-halten. Zudem sorgt das Verfehlen von Zielen auch dafür, dass deine Mo-tivation erheblich sinkt. Aus diesem Grund solltest du dir genügend Zeit dafür nehmen, die zeitliche Planung deiner Lernaktivitäten vorzunehmen.

Letztlich möchte ich dir in diesem Zusammenhang noch den Rat mit auf den Weg geben, dich von dem Ergebnis deiner Planung nicht abschrecken zu lassen. Wenn man wirklich jede Aufgabe mit einer Zeitangabe verknüpft und diese summiert, wirst du sehen, dass du im Regelfall auf einen sehr großen Gesamtaufwand kommst. Lasse dich davon aber nicht demotivieren. Du würdest auch sonst so viel Zeit, wenn nicht sogar mehr, in deinen Lernprozess investieren – nur hast du es dir eben noch nie so bewusst gemacht. Die zeitliche Planung hilft dir außerdem zu realisieren, wie wichtig deine einzelnen Lernphasen für den Gesamtprozess sind. Dies sorgt wiederum dafür, dass du häufig wesentlich konzentrierter und effektiver an den einzelnen Aufgaben arbeiten kannst. Letztlich steigt die Motivation auch dadurch an, dass du deine selbstgesetzten Zeitvorgaben einhalten willst und deswegen sämtliche Ablenkungen besser ausblenden kannst.

Schritt 8: Setze dir Meilensteine

Damit dein Lernplan neben der Festlegung des Zeitraums der einzelnen Lernaktivitäten einen noch verbindlichen Charakter erhält, solltest du dir einzelne Zwischenziele setzen. Diese sogenannten Meilensteine sorgen dafür, dass du während deines Lernprozesses immer einen Überblick über deinen Lernfortschritt hast und einfach kontrollieren kannst, ob du dich noch im Zeitplan befindest oder bereits in Verzug geraten bist.

Wichtig ist, dass du dir nicht nach jeder Lernaktivität, im Sinne von „Kapitel 1 fertig gelesen“, einen Meilenstein setzt. Diese Zwischenziele eignen sich in der Regel nicht für einzelne Aktivitäten und sollten daher sinnvoll und vor allem sparsam eingesetzt werden, um den übersichtlichen Charakter sicherzustellen.

Schritt 9: Erstelle einen Ablaufplan

Zu diesen Zeitpunkt hast du sämtliche Vorarbeiten auf dem Weg zu deinem individuellen Lernplan abgeschlossen: Du hast Themenblöcke gebildet, Lernaktivitäten festgelegt und diese mit einer entsprechenden

Dauer gekennzeichnet und dir letztlich auch Meilensteine gesetzt. Nun kommen wir dazu aus diesen einzelnen Strukturelementen und Listen eine zusammenfassende Darstellung zu erstellen. Als Resultat erhältst du einen übersichtlichen Lernplan, der chronologisch angeordnet sind.

Damit du alle zuvor festgelegten Details und Informationen in deinen Lernplan einbringen kannst, ist die Verwendung eines Gantt-Charts besonders sinnvoll. Vielleicht kennst du diese Form der Darstellung bereits aus der Schule, deinem Studium oder von der Arbeit. Hierbei handelt es sich um ein Instrument, welches insbesondere im Projektmanagement genutzt wird. Allerdings eignet es sich ebenso gut für eine übersichtliche und zielgerichtete Lernplanung. Im Prinzip ist ein Gantt-Chart ein einfaches Balkendiagramm, in dem du die zeitliche Abfolge von Aktivitäten darstellen kannst. Du kannst ein solches Diagramm mit einem entsprechenden Programm online erstellen. Andererseits besteht auch die Möglichkeit das Gantt-Chart mit Excel zu visualisieren oder einfach selbst mit Zettel und Stift aufzuzeichnen.

Lege dazu ganz Links eine Spalte an, die beispielsweise die Überschrift Prüfung tragen könne. Dort trägst du in die oberste Zeile den Namen deiner Prüfung ein und darunter ordnest du alle Lernaktivitäten und die entsprechenden Meilensteine in einer logischen zeitlichen Reihenfolge an. In die nächste Spalte trägst du die Dauer für die einzelnen Aktivitäten ein. In die oberste Zeile, also der Zeile mit dem Namen deiner Prüfung, trägst du die Anzahl an Tagen an, die noch bis zur Prüfung ausstehen. Daran anschließend gehst du sämtliche Aktivitäten durch und trägst den jeweiligen zeitlichen Aufwand ein. Bei den Zeilen, in denen du deine Meilensteine notierst hast, trägst du ganz einfach eine 0 ein, da Meilensteine einen Zeitpunkt beschreiben und keine Dauer.

Anschließend fertigst du weitere Spalten an, die den zeitlichen Verlauf deiner Lernphase anzeigen. Dabei ist es am einfachsten, wenn du Spalten mit „Woche 1“, „Woche 2“ usw. anlegst und darunter die Wochentage notierst. Letztlich musst du nun nur noch die Balken für deine Aktivitäten und Meilensteine eintragen. Wenn deine erste Aktivität beispielsweise „Unterlagen zusammensuchen“ heißt und mit der Dauer von einem Tag gekennzeichnet sind, dann markierst du den Montag deiner ersten Woche. Deine zweite Aktivitäten, beispielsweise „Kapitel 1-5 aus Buch XY zusammenfassen“, dauert 3 Tage, dann trägst du einen Balken von Dienstag bis Donnerstag in der ersten Woche ein. Genau nach diesem Prinzip gehst du sämtliche Aktivitäten durch, die Meilensteine kannst du ebenfalls durch einen andersfarbigen Balken eintragen. Auf diese Weise hast du einen extrem guten Überblick über deine Lernplanung. Zudem macht dich diese Darstellungsform direkt darauf aufmerksam, ob deine bisherige Planung realistisch war oder ob sich Aufgaben zeitlich überschneiden.

Grundsätzlich haben noch einige ergänzende Tipps und Erklärungen zur Erstellung deines persönlichen Gantt-Charts. Bei der Vorgehensweise kannst du grundlegend zwischen zwei Varianten entscheiden. Wenn du dabei bist die zeitlichen Blöcke einzutragen kannst du entweder vom aktuellen Zeitpunkt aus starten und vorwärts planen. Auf der anderen Seite hast du aber auch die Möglichkeit von deinem Prüfungstermin aus rückwärts zu planen. Beide Vorgehensweise sind geeignet und liefern ein zuverlässiges Ergebnis. Teste hierbei am besten selber aus, welche Variante für dich einfacher erscheint.

Auch wenn ich dich gerade auf den Aspekt hingewiesen haben, dass dich das Gantt-Chart direkt auf eine Fehlplanung, beziehungsweise Überschneidung deiner Lernaktivitäten aufmerksam macht, kann man diese häufig nichts gänzlich verhindern. Es ist nur wichtig, dass du darauf achtest, welche Aktivitäten sich überschneiden. Je nachdem wie detailliert du diese festgelegt hast, ist es durchaus möglich mehrere Aufgaben an einem Tag abzuarbeiten. Achte dabei nichtsdestotrotz immer darauf, dass du dir nicht zu hohe Ziele steckst. Die wenigsten von uns haben die Zeit den ganzen Tag in das Lernen zu investieren - es stehen immer noch andere Dinge an, die uns Zeit rauben. Und selbst wenn du dir deine Prüfungsphase so freigeschaufelt hast, dass du theoretisch den ganzen Tag Zeit zum Lernen hast, lässt irgendwann deine Motivation und Konzentration stark nach.

Letztlich möchte ich noch kurz ein paar Worte zu den Wochenübersichten im Gantt-Chart loswerden. An dieser Stelle macht es Sinn, immer eine ganze sieben Tage Woche einzuzeichnen. Je nach deinem zeitlichen Puffer steht es dir natürlich frei, dir an den Wochenenden eine Pause vom Lernen zu gönnen. Markiere zu diesem Zweck die Tage einfach in einer anderen Farbe, anstatt sie komplett aus der Übersicht wegzulassen. Auf diese Weise hast du einen viel besseren Überblick. Gleiches gilt selbstverständlich auch für Tage, an denen du schon anderweitig verplant bist. Markiere diese Tage, damit du sie visuell blockieren kannst. So gehst du sicher, dass du diese Zeit nicht fälschlicherweise auch noch zum Lernen einplanst, obwohl du eigentlich gar keine Zeit hast.

Schritt 10: Der Feinschliff

Zu allererst solltest du an dieser Stelle noch einmal einen prüfenden Blick auf dein Gantt-Chart werfen. Ist die Planung wirklich realistisch? Hast du daran gedacht, sämtliche Aufgaben und Themenblöcke abzubilden? Nimm dir genügend Zeit, um deinen Lernplan auf Vollständigkeit zu kontrollieren. Es gibt nichts Schlimmeres, als wenn du Mitten in deiner Lernphase feststellst, dass du beispielsweise einen ganzen Themenkomplex vergessen hast – dann bringt auch der beste Lernplan nur noch wenig und du gerätst am Ende doch noch unter Zeitdruck.

Nachdem du wirklich sicher bist, dass dein Lernplan vollständig ist, können wir uns endlich an den Feinschliff begeben. Dabei rate ich dir in jedem Fall dazu, Pufferzeiten einzubauen. In diesem Zusammenhang ordnest du einzelnen Themen, beziehungsweise Lernaktivitäten, ein zusätzliches Zeitfenster zu. Insbesondere bei größeren Aufgaben oder solchen, bei denen du den zeitlichen Aufwand nur schwer abschätzen konntest, macht es Sinn, einen Puffer einzubauen. Auf diese Weise kannst du deinen Lernplan ein wenig entzerren. Falls es unerwartet zu Verzögerungen kommt oder wichtige Dinge in deinem Privatleben geschehen, ist nicht gleich der ganze Plan ruiniert. Bezüglich der Visualisierung in deinem Gantt-Chart kannst du die Pufferzeiten einfach in Klammern neben die eigentliche Dauer deiner Aktivitäten notieren. Passe die Balken dann auch entsprechend an und nutze für die Pufferzeiten am besten eine andere Farbe, damit du direkt siehst, wenn du deine „Planzeit" überschreitest.

Falls du bisher noch keine Abschlussaktivität in deinen Lernplan aufgenommen hast, ist es an dieser Stelle Zeit eine solche zu implementieren. Nachdem du die ganze Lernphase erfolgreich abgeschlossen hast, wird es Zeit für einen finalen Test, also eine Art Generalprobe vor der Prüfung. In diesem Zusammenhang eignet sich am besten die Bearbeitung von alten Prüfungsaufgaben oder Altklausuren. Wenn dir diese nicht zur Verfügung stehen, solltest du mit Hilfe deiner Lernunterlagen selber eine Art Prüfung konstruieren. Wichtig ist, dass du diese dann auch unter Klausurbedingungen bearbeitest, das heißt, dass du dir ein festes Zeitfenster setzt und während der Bearbeitung nicht in deine Unterlagen schaust. Auch wenn ich diesen Teil Abschlussaktivität genannt habe, solltest du auch hier eine Pufferzeit einbauen, beziehungsweise eine Aktivität namens „Nachbereitung" oder ähnliches. Der Grund dafür liegt ganz einfach darin, dass du bei dieser Generalprobe noch offene Fragen oder Unsicherheiten identifizieren kannst, die du vor der Prüfung noch aufarbeiten solltest.

Wenn du diese Schritt-für-Schritt Anleitung befolgst, kannst du einen lückenlosen und individuellen Lernplan für sämtliche deiner Prüfungen erstellen. Da wir uns bei der Erstellung des Gantt-Charts aber auf die Planung für eine einzelne Prüfung konzentriert haben, ist es häufig sinnvoll, einen zusätzlichen übergeordneten Plan anzufertigen. Wenn du beispielsweise Student oder Studentin bist, hast du im Regelfall mehr als eine Prüfung am Ende des Semesters. Auf diese Weise erkennst du Überschneidungen und behältst einen Gesamtüberblick.

Zu diesem Zweck kannst du ganz einfach eine Art globales Gantt-Chart erstellen, indem du alle Prüfungen und die entsprechende Vorbereitung des gesamten Semesters notierst. An dieser Stelle ist es allerdings sinnvoll, dieses Diagramm weniger detailliert zu gestalten als die einzelnen Gantt-Charts für die jeweiligen Prüfungen. Nutze somit Oberthemen und konzentriere dich stattdessen stärker auf die zeitliche Dimension, sodass sich die Vorbereitungsphasen der einzelnen Prüfungen nicht gegenseitig behindern.

Checkliste zur erfolgreichen Lern-/ Zeitgestaltung

Nachdem wir uns nun intensiv mit der Erstellung deines persönlichen Lernplans befasst haben, möchte ich dir an dieser Stelle noch eine etwas allgemeiner gehaltene Checkliste mit an die Hand geben, die die wichtigsten Punkte für eine erfolgreiche Lern- und Zeitgestaltung beinhaltet. Auf diese kurze Übersicht kannst du immer schnell zurückgreifen und sicherstellen, dass du nichts vergisst und auf dem richtigen Weg zum erfolgreichen Abschluss deiner Prüfung bist.

1. Plane sämtliche Aufwände schriftlich

Viele Menschen machen den Fehler und denken es würde ausreichen, sich im Kopf einen genauen Plan zu erstellen. Davon kann ich dir allerdings nur dringlichst abraten. Die schriftliche Planung erhöht auf der einen Seite die Übersichtlichkeit und schafft einen verbindlicheren Charakter.

2. Lege Ziele fest

Ich habe bereits an anderer Stelle schon einmal darauf hingewiesen, wie wichtig es ist, sich Ziele zu setzen. Deshalb an dieser Stelle nur kurz eine Erinnerung für dich: Setze dir immer detaillierte, anspruchsvolle und dennoch realistische Ziele, wenn du den maximalen Erfolg aus deiner Lernphase herausholen willst.

3. Nutze Tagespläne

In diesem Zusammenhang ist es besonders empfehlenswert, wenn du dir bereits am Vorabend einen Plan für den nächsten Tag erstellst. Dadurch kannst du am nächsten Morgen direkt gezielt loslegen.

4. Plane mit Pufferzeiten

Wie bereits zuvor erwähnt, gibt es immer Aufgaben und Dinge, die spontan dazwischenkommen. Plane daher immer großzügige Pufferzeiten ein und versuche nur in etwa 60 Prozent deiner Arbeits- oder Lernzeit zu verplanen.

5. Setze Prioritäten

Ordne die Aufgaben auf deinem Tagesplan nach ihrer Dringlichkeit an und setze entsprechend Prioritäten, um deinen Arbeitstag gezielt zu bestreiten. Nachdem du eine Aufgabe abgehakt hast, kontrolliere noch einmal die Rangfolge der übrigen Punkte und überprüfe, ob sich nicht doch noch neue, wichtigere Aufgaben ergeben haben.

6. Kontrolliere deine Arbeit

Natürlich solltest du immer sämtliche Ergebnisse deines Arbeits- oder Lernprozesses kontrollieren. In diesem Fall rate ich dir aber zusätzlich explizit dazu, das Unerledigte zu kontrollieren. Suche nach Ursachen und Gründen, die dafür verantwortlich sind, dass du bestimmte Aufgaben nicht erledigt hast.

7. Nutze deine persönliche Leistungskurve

Achte darauf, dass du anspruchsvolle Aufgaben zu den Tageszeiten einplanst, an denen du besonders produktiv und konzentriert bist. Nutze deine persönliche Leistungskurve gleichzeitig dazu, gezielt Pausen in deinen Arbeitstag einzuplanen.

8. Achte auf genügend Freizeit

Damit du dich jeden Tag voller Kraft wieder erneut an den Schreibtisch setzen kannst, sorge für genügend Freizeit. Belohne dich nach einem erfolgreichen Lern- beziehungsweise Arbeitstag mit Dingen, an denen du Freude hast. Achte auch während des Arbeitstages immer wieder darauf, dass du Erholungspausen einlegst, in denen du mit deinen Gedanken weit weg von den Lerninhalten kommst.

9. Bleib am Ball

Der Schlüssel zum Erfolg lautet in diesem Fall eindeutig Konsequenz. Versuche deine Planung immer akribisch einzuhalten. Habe immer deine Ziele im Hinterkopf und verwende die verschiedenen Arbeits- und Lerntechniken gewissenhaft.

Schlusswort

Nachdem du dieses Taschenbuch oder EBook aufmerksam von Vorne bis Hinten durchgelesen hast, steht deinem Erfolg im Studium oder auf der Arbeit nichts mehr im Wege. Ich hoffe, dass du im Laufe der Ausführungen gemerkt hast, dass du mit deiner Einstellung zum Lernprozess diesen maßgeblich beeinflussen kannst.

Du kannst dir auch noch dutzende weiterer Bücher oder Internetartikel zu dem gleichen Thema durchlesen – es wird sich nichts ändern, wenn du nicht selber aktiv daran arbeitest. Aus diesem Grund rate ich dir dazu, dir genau jetzt Stift und Zettel zu nehmen, sofern du das nicht auch schon zuvor gemacht hast, und dir Notizen zu machen, welche Tipps und Methoden du anwenden willst. Gehe das Buch in diesem Zusammenhang am besten noch einmal kapitelweise durch, hinterfrage deinen Status quo und entscheide dann welche Lerntechniken und Tricks du in deinen Arbeitsalltag implementieren willst.

Lasse dich dabei auf keinen Fall von Rückschlägen demotivieren. Nicht jede Methode funktioniert für jeden gleich gut. Gib den Lerntechniken und dir selber also eine Chance und finde heraus mit welchen Tipps du die größten Erfolge erzielen kannst. Hast du einmal die richtige Lernstrategie für dich gefunden, wirst du schnell die erfolgreichen Resultate in der Schule, auf der Arbeit oder im Studium bemerken. Viel Erfolg für deine Zukunft!

Literaturverzeichnis

Bergman, Marc G.; Jonides, John; Kaplan, Stephen (2008): The cognitive benefits of interacting with nature. Psychological sciene. 19 (12). Online verfügbar unter: https://pubmed.ncbi.nlm.nih.gov/19121124/

Daldrup, Till (2015): Effizienter lernen – trotz Prüfungsstress. WirtschaftsWoche. Online verfügbar unter: https://www.wiwo.de/erfolg/hochschule/klausurenphase-effizienter-lernen-trotz-pruefungsstress/11413390.html

Höpker, Jan (2019a): Fokussieren: So schlägst du die 6 Feinde des Fokus. HabitGym. Online verfügbar unter: https://www.habitgym.de/fokussieren-tipps/

Höpker, Jan (2019b): Konzentration steigern: 12 genial einfache Methoden. HabitGym. Online verfügbar unter: https://www.habitgym.de/konzentration-steigern/

Höpker, Jan (2019c): Wie du die Kontrolle über deine Aufmerksamkeit gewinnst. HabitGym. Online verfügbar unter: https://www.habitgym.de/aufmerksamkeit-managen/

Jäger, Thomas; Reich, Heike (2019): Lern- und Arbeitstechniken. Studientext. Nr. 38. Online verfügbar unter: https://www.deutsche-rentenversicherung.de/SharedDocs/Downloads/DE/Fachliteratur_Kommentare_Gesetzestexte/Studientexte/Sonstiges/38_lern_und_arbeitstechniken.pdf;jsessionid=AE8BFA589AE3FA9F16BA266C17935D51.delivery1-2-replication?__blob=publicationFile&v=1

Krengel, Martin (2020): Schneller Lesen | Speed Reading – Lesegeschwindigkeit und Textverständnis verdoppeln. Online verfügbar unter: https://www.studienstrategie.de/lesen/schneller-lesen/

Kugemann, Walter F.; Gasch, Bernd (2004): Lerntechniken für Erwachsene. Rowohlt Taschenbuch.

Lang, Susan S. (2004): Study links warm offices to fewer typing errors and higher productivity. Cornell Chronicle. Online verfügbar unter: https://news.cornell.edu/stories/2004/10/warm-offices-linked-fewer-typing-errors-higher-productivity

Microsoft (2015): Attention spans. Consumer Insights, Mircosoft Canada. Online verfügbar unter: https://dl.motamem.org/microsoft-attention-spans-research-report.pdf

Philip (2018): Feynman Technik | Die Lernmethode für unversiegbares Wissen. Online verfügbar unter: https://shribe.de/feynman-technik/

Reichelt, Time (2020): Wie du einen Lernplan für deine nächste Prüfung erstellst – eine Schritt-für-Schritt-Anleitung für eine entspannte Prüfungsphase. Studienscheiss. Online verfügbar unter: https://www.studienscheiss.de/lernplan-pruefung-anleitung/

Studybees (2020): Lernmethode. Gedächtnispalast. Online verfügbar unter: https://studybees.de/magazin/lernmethode-gedaechtnispalast/

Uni Duisburg – Essen (2020): Lern-Strategien: Text-Bearbeitung. Online verfügbar unter: https://www.uni-due.de/edit/selbstmanagement/content/content_k41_4.html

Ward, Adrian F.; Duke, Kristen; Gneezy, Ayelet; Bos, Maarten W. (2017): Brain Drain: The Mere Presence of One's Own Smartphone Reduces Available Cognitive Capacity. Journal oft he Association for Consumer Research. Volume 2, Number 2. Online Verfügbar unter: https://www.journals.uchicago.edu/doi/abs/10.1086/691462?journalCode=jacr

Wikipedia (2019): SQ3R-Methode. Online verfügbar unter: https://de.wikipedia.org/wiki/SQ3R-Methode

ISBN 978-3-7531-7096-1
9 783753 170961 00005
www.epubli.de